namibia
genussreise & rezepte

namibia

genussreise & rezepte

BARBARA BOUDON

impressum

© Walter Hädecke Verlag D-71263 Weil der Stadt, 2001/2009

Alle Rechte vorbehalten, insbesondere die der Übersetzung, der Übertragung durch Bild- und Tonträger, des Vortrags, der fotomechanischen Wiedergabe, der Speicherung und Verbreitung in Datensystemen und der Fotokopie. Nachdruck, auch auszugsweise, nur mit Genehmigung des Verlages.

Fotonachweis:
Barbara Boudon, Dortmund: Seite 2, 4, 6/1–2, 7, 8/1, 10/1, 11/1, 12, 13/4, 14/2, 15/1, 31/2, 39, 41, 43/1, 52/1, 82,83, 84/1, 85/2-3, 86, 87/1+3, 88/1, 90/1, 91/1, 95/2.
Dr. Wolfgang Günnewig, Dortmund: Seite 8/2, 14/1.
Dr. Peter Wittershagen, Dortmund: Seite 8/4, 9, 35, 84/2, 92, 94/3, 95/1 und Schwarzweiß-Einklinker auf dem Titel.
Cre Art, Fulda: Seite 14/4
Katja Dingel, The Food Professionals, Sprockhövel: Titelbild, alle Food-Aufnahmen sowie alle anderen.

Lektorat: Mo Graff, Weil der Stadt

Konzeption und Design: Juscha Deumling, JAM, Büro für Art Design, München

Reproduktionen: LUP AG, Hürth

Printed in EU
ISBN 978-3-7750-0538-8

4 3 2 1 | 2012 2011 2010 2009

Wenn nicht anders vermerkt, sind die Rezepte für 4 Portionen berechnet.

Abkürzungen:
EL – Esslöffel
TL – Teelöffel
kg – Kilogramm
g – Gramm
l – Liter
ml – Milliliter

dankie

Mein ganz besonderer Dank gilt meinem Vater Fred Boudon! Er weckte in mir die Freude am Kochen und den Mut, dabei spielerisch und experimentierfreudig mit Zutaten umzugehen. Auf unzähligen Pirschgängen und Ansitzen offenbarte er mir die Schönheiten der Natur, der freien Wildbahn, und ich lernte besonders Sonnenauf- und Sonnenuntergänge zu lieben.

Mein Schwager Ebo inspirierte mich durch viele enthusiastische Erzählungen von seiner Farm »Etendero« in Afrika vor Jahren zur ersten Reise nach Namibia – und zu diesem Buch.

Ria von Seydlitz verdanke ich den größten Teil der Rezepte. Ihr unermüdliches Engagement, ihre freundliche und hilfsbereite Gastfreundschaft und ein »warmes Zuhause« während der Food-Aufnahmen zu diesem Buch waren eine wertvolle Hilfe und Unterstützung. Ihr Ehemann, Friedhelm von Seydlitz, ermöglichte uns einen schnellen und manchmal abenteuerlichen Transport mit seinem Flugzeug und wurde dabei nicht müde, uns die Schönheit der Landschaft und der Natur aus der Luft zu zeigen und uns seine namibischen Mitbürger näherzubringen.

Wilhelmine Kutuahupira ist Rias gute Küchenfee. Ich werde ihren Eifer und Einsatz nie vergessen, mit dem sie unter anderem auch dafür sorgte, dass der Fudge schon um acht Uhr morgens fertig war, weil er im Morgenlicht besonders gut aussah. Ihr allgegenwärtiges Lachen habe ich noch jetzt im Ohr.

Die informative Zusammenarbeit mit Katinka van Nierkerk von den Weingütern Neethlingshof und Stellenzicht in Stellenbosch (Südafrika) hat mir sehr viel Spaß und Freude gemacht.

Anke Halenke sage ich ganz besonders herzlich *dankie*! Sie war es, die eine Vorauswahl der Requisiten traf und uns viele interessante Gesprächspartner vermittelte.
Peter Wittershagen und Wolfgang Günnewig überließen mir einige Fotos und die Gespräche mit ihnen waren mir eine große Anregung.

Während der letzten Reise und Arbeit an diesem Buch war es mein Mann, Paul Dröghoff-Boudon, der nicht nur den wildgewordenen Affen einfing, damit wir weiterfotografieren konnten, sondern der auch mit mir zusammen alle Abenteuer und Gefahren bewältigte.

Meiner Mutter Mechthild Boudon und meinen Kindern Stephanie und Jochen danke ich für ihr Verständnis, ihre Rücksichtnahme und die vielen kleinen Aufmerksamkeiten während der Arbeit an diesem Buch!

inhalt

die küche namibias	6
op pad	10
rezepte	16
middagete by gathemanns	30
rezepte	32
namib	40
rezepte	44
mevrou ria von seydlitz	52
rezepte	55
braaivleis	66
rezepte	68
'n besoek by muramba bushman trails	84
zutaten und produkte im überblick	90
fleisch, fisch, gemüse, früchte, käse, getränke	
adressen	90
essen, einkaufen, trinken, safari-unternehmen	
gästefarmen, bücher	91
rezepte von a–z	92
glossar	94

die küche namibias
traditionell und modern

»Der Butterfisch ist eine Offenbarung!«, schwärmt mein Mann. Mit einem genüsslichen Seufzen belege ich die Gabel mit einem Stückchen in Butter gebratenem Butterfisch, träufle ein wenig Orangensauce darüber, kröne das Ganze mit einer Spitze grünem Spargel und lasse mir dieses kulinarische Kunstwerk auf der Zunge zergehen. Wir sitzen in einem romantischen Restaurant in Swakopmund, dem bekanntesten und schönsten Badeort an der namibischen Küste.

Es ist Anfang November und hier auf der südlichen Halbkugel der Erde beginnt gerade der Frühling.

Spargel in Namibia! Das wäre noch vor einigen Jahren undenkbar gewesen. Doch unternehmungslustige Farmer wagten in Swakopmund das Experiment – und es gelang!

Unter unserem Tisch direkt am Fenster, mit einem sensationellen Blick über die unendlichen Weiten des blau-grünen Atlantiks, rollen die Wellen schwer an den kilometerlangen Strand. Weit hinten im Meer zieht der kalte, fischreiche Benguelastrom vorüber, dem wir diesen Butterfisch-Leckerbissen verdanken. Die maritime Einrichtung des Restaurants, in Form einer stählernen Konstruktion eines Schiffshecks direkt an der *jetty*, der alten Landungsbrücke, lässt vergessen, dass wir uns über neuntausend Kilometer von Deutschland entfernt befinden. Überall in Namibia, der ehemals deutschen Kolonie Südwestafrika, ist der deutsche Einfluss mit seinen Sitten, Traditionen und Gebräuchen selbst nach langer Zeit noch gegenwärtig. Aber nicht nur die Deutschen haben Namibia, dem Land und vor allem der Küche, ihren Stempel aufgedrückt. Die Buren mit ihrem holländisch-südafrikanischen Stil und die Portugiesen haben genauso Pate gestanden.

Im Laufe des letzten Jahrhunderts hat sich aus dem traditionellen *mieliepap*, dem erlegten Wild, den gesammelten Beeren und Pflanzen der schwarzen Urbevölkerung eine eigenständige Küche entwickelt. Sie kommt ohne Schnörkel aus. Ihre Grundphilosophie besteht darin, die Zutaten frisch und unverfälscht zuzubereiten. Es kommt auf den Tisch, was im Farmhausgarten gerade reif ist, und die Tiere werden erst dann erlegt und geschlachtet, wenn sie gebraucht werden.

Während wir in der Abendstimmung unseren Butterfisch genießen und die Sonne im Meer versinkt, erinnern wir uns an das Grillfest vor ein paar Tagen im Landesinneren. Dabei verzehrten wir Unmengen von köstlichen, saftigen, ganz unterschiedlichen Fleischsorten.

So ein *braai* bleibt einem Europäer ein Leben lang im Gedächtnis: unvergleichbare Abendstimmung, ein farbenprächtiger, spektakulärer Sonnenuntergang, ein sternenübersätes Firmament. In Namibia sind diese Grillfeste Dreh- und Angelpunkte des gesellschaftlichen Lebens. Von weit her kommend treffen sich die Namibier, möglichst an einem besonders schönen Ort in der endlosen Weite der Savanne. Jeder bringt etwas mit und in dieser geselligen fröhlichen Runde ist die unkomplizierte Art der Menschen, die hier leben, ihre Gastfreundschaft, ihre Herzlichkeit, die Verbundenheit mit der Natur und auch ihr Zusammenhalt ganz besonders spürbar.

Die Zeiten, in denen kein Namibier die schier endlosen Weiten dieses recht dünn besiedelten Landes ohne seinen *potjie*, einen gusseisernen Dreibeintopf, bereiste, gehören der Vergangenheit an. Heute tun sie es aus romantischen Erwägungen und in Erinnerung an alte Zeiten. Am abendlichen Lagerfeuer versorgte der potjie die Reisenden mit einem köstlichen Eintopf, in dem *biltong*, getrocknete Fleischstreifen, nicht fehlen durften, und morgens holten sie ein frisches Brot aus dem potjie, das während der Nacht in der verglühenden Asche gebacken worden war.

Seit der Unabhängigkeit von Südafrika im Jahre 1990 sind überall in Namibia Gästefarmen entstanden, die der stetig steigenden Schar der Besucher Unterkunft und je nach Herkunft des Besitzers eine landestypische Küche anbieten. Auf diesen Gästefarmen schlägt das Herz Namibias und als Gast kann man nirgendwo besser das Land, seine Menschen und die Küche kennenlernen. Die Zukunft wird zeigen, wie die Namibier mit den Einflüssen der multikulturellen durchreisenden Gäste umgehen werden. Schon in der Vergangenheit haben sie bewiesen, wie kreativ, aufgeschlossen, eigenständig und kombinationsfreudig sie auf fremde Beeinflussung reagiert und diese für sich umgesetzt haben.

Man kann gespannt sein!

op pad unterwegs

op pad

Nach neuneinhalb Stunden Flug landen wir auf dem internationalen Flughafen von Windhoek, der weit draußen vor der Stadt liegt. Der Pilot der Air Namibia flog seit der angolanischen Grenze in einer Höhe, die uns einen ersten Blick auf das Land erlaubte. Weite, unberührte Flächen, ein wenig mit Grün durchsetzt, dann immer mehr braune und beige Farbtöne. Die Etosha-Pfanne lag hellweiß unter uns. Vereinzelt konnten wir Ortschaften ausmachen. Die Stadt Windhoek sahen wir schon von Weitem. Weit ausladend mit den Vororten Katutura und Khomasdal ist sie von bis zu 2400 Meter hohen Bergen umgeben.

Wir werden von Anke, unserer Gastgeberin der ersten Tage, mit einem VW-Bus abgeholt und zu ihrer Farm »Hohe Warte« gebracht. Die Luft ist glasklar, wir können meilenweit über die Dornbuschsavanne blicken. Nur wenige Fahrzeuge kommen uns entgegen. Hier herrscht Linksverkehr. Wir biegen von der Hauptstraße, einer *teerpad*, auf eine Schotterpiste ab und erreichen ein gewaltiges Gatter mit riesigen Tierhörnern. Am Ende der Auffahrt steht ein wunderschönes altes Haus, die ehemalige Polizeistation der »Schutztruppen«, vor einigen Jahren aufwendig restauriert. Die hohen Räume sind mit Jagdtrophäen geschmückt, eine Karte von Namibia hängt an der Wand, helle Sofas laden zum Ausruhen ein. Anke schenkt uns zur Begrüßung einen kühlen Drink ein.

Wir sind neugierig und wollen mehr von der Farm sehen; zuerst zeigt sie uns mit großem Stolz ihren Gemüsegarten: Melonen, Bohnen, Kürbisse, ein paar Kräuter, beschattet von Zitronen- und Orangenbäumen. Ein Maulbeerbaum ist mit Plastik umhüllt, vorwitzig ragen ein paar Zweige mit dunklen Beeren heraus. Der Garten muss ständig bewässert werden, weil die Sonne sonst alles erbarmungslos austrocknet. Von Weitem hören wir das Geräusch des Windrades, das das Wasser aus einem Bohrloch heraufbefördert. Ein wenig weiter steht der Generator, der die Farm mit Strom versorgt. Wir sehen auch einige Rinder in der Nähe, die an vertrockneten Büschen nach Grün suchen; die Farm lebt von der Rinderzucht, Jagdgäste verschaffen ein zusätzliches Einkommen.

Nach dem Mittagessen, bestehend aus köstlich gebratenen Perlhühnern, brechen wir zu einer Karakulschaffarm auf. Den größten Teil der Strecke fahren wir über breite, ausgefahrene Schotterpisten. Während unserer eineinhalbstündigen Fahrt kommt uns nur ein Auto entgegen. Wir überholen einen *donkie*-Karren, der uns mit seiner schlingernden Fahrweise schon von Weitem aufgefallen war. Zwei Erwachsene und ein Jugendlicher werden von drei Eseln nach Hause gezogen. Hinter der »Tigerpforte«, zwei dicht beieinanderstehenden Bergen, erreichen wir die Farm »Kiripotib«. Claudia empfängt uns in der reetgedeckten *lapa*, einem ringsum offenen Raum, mit herrlich kühlem Zitronensaft. Von dort aus haben wir einen weiten Blick in die Kalahari. Die rotbraune Erde und die sonnengebleichten Grasbüschel bilden einen einzigartigen Kontrast. In der Ferne sehen wir weidende Karakulschafe. Früher wurden die Felle der Karakullämmer zu Persianer-Mänteln verarbeitet. Claudia und ihre Familie mussten sich, wie viele andere auch, den neuen Marktverhältnissen anpassen. So entstand hier auf dem Farmgelände ein kreatives Art-Center mit eigener Spinnerei und Weberei. Das Resultat sind farbenfrohe Teppiche und Läufer mit afrikanischen Motiven. Claudias Passion jedoch ist die Herstellung von Schmuck: Warzenschweinborsten, bizarre Muscheln, Schoten, Turmaline oder Ekipas gehen in ihrem Atelier eine kongeniale Verbindung mit Gold und Silber ein.

Als wir auf unserer Besichtigungstour an der Küche vorbeikommen, steigt uns ein köstlicher Bratenduft in die Nase. Unsere Gastgeberin hat einen Lammrücken mit auf der Farm gefundenen seltenen Kalahari-Trüffeln vorbereitet. Es ist ein wunderbarer windstiller Abend und der Tisch ist in der *boma* gedeckt. Rings um den mit roten, selbst gebrannten Ziegeln ausgelegten Sitzplatz stehen mannshoch Stämme und Äste des Kameldorns. Windlichter mit brennenden Kerzen hängen an den Ästen. Ein Feuer flackert

in einer Vertiefung neben dem Tisch und eine Katze räkelt sich wohlig davor. Eine Herde holzgeschnitzter Elefanten trottet zwischen Kerzen und veilchenblauen Blüten über die weiße Tischdecke. Peter, ein Praktikant aus Deutschland, reicht uns einen fruchtigen *Sundowner*, so wird der erste Drink bei Sonnenuntergang genannt. Damit lernen wir einen Brauch kennen, den wir im Laufe der Zeit lieb gewinnen. Der glutrote Abendhimmel taucht die ganze Szenerie in ein stimmungsvolles Licht und wir haben das Gefühl, dass alle unsere Träume von Afrika wahr werden. Nach dem außergewöhnlichen Essen unter südlichem Sternenhimmel fällt uns der Abschied schwer.

Gut gestärkt mit einem üppigen Frühstück fahren wir am nächsten Morgen nach Windhoek. Weiße Häuser mit Blumengärten, blühende Bäume, breite Straßen, ruhig fließender Verkehr, deutsche Straßennamen und nach afrikanischen Politikern benannte Straßen wechseln sich ab. Wir besuchen das »Bushman Art Museum«, das sich an das gleichnamige Geschäft anschließt. Schmuck, Kult- und Gebrauchsgegenstände der verschiedenen Stämme Namibias wie der Himbas oder der Buschmänner sind hier gesammelt und ausgestellt. Anke führt uns dann weiter in die Talstraße ins »Craft Center«, in dem namibisches Kunsthandwerk der Neuzeit angeboten wird. Hier finden wir auch ein seltenes Öl, das aus der Marulanuss gewonnen wird – es soll die Haut geschmeidig machen. Wir bummeln weiter und kommen zu einem kleinen Café. Einfache Stahlrohrtische, liebevoll mit Blumen dekoriert, umlaufend hohe Holzregale, in denen selbst gemachte Säfte, Honig, Konfitüren, selbst gebackene Plätzchen, Rooibos-Tee, Tee aus der Teufelskralle und getrocknete Kräuter in Leinensäckchen stehen. Auf einem Holztisch laden herrlich duftende frische Kuchen, Muffins und Scones zum Kosten ein. Heike, die Besitzerin des Cafés, ist damit beschäftigt, Mengen von frischem Salat, den eine Farm gerade angeliefert hat, zu verarbeiten. Nun steht der Blattsalat mit knusprigen Speckstreifen und frisch gebackenem Landbrot auf der Tageskarte. Heike führt zusammen mit ihrer Mutter das Café, in dem nur frische Farm-

produkte angeboten werden. Wir bestellen einen verführerisch aussehenden, lilafarbenen Kaktusfeigensaft und einen *afrika-stollen*, was immer das sein mag. Wie sich dann nach den ersten Bissen herausstellt, ist es ein Christstollen, nur auf afrikanische Art!

Nach längerem Suchen haben wir einen Führer gefunden, der mit uns nach Katutura, dem stark wachsenden Vorort der schwarzen Bevölkerung, fahren will. Das erste, was uns ins Auge springt, ist die Filiale einer amerikanischen Fast-Food-Kette, die hier neben einem Einkaufszentrum, einem Krankenhaus und einer Tankstelle entstanden ist. Und dann der Kontrast: An einer großen Kreuzung überraschen uns viele kleine Stände, die Zitrusfrüchte, Bananen, Äpfel, tropische Früchte, Gemüse, Gewürze in riesigen Säcken und Fleisch zum Verkauf anbieten. Dazwischen stehen Grillroste, auf denen Fleisch gegrillt wird. Ein wenig weiter sitzt jemand mit einem Frisier-Umhang, dem die Haare geschnitten werden. Hier findet das Leben auf der Straße statt. Man unterhält sich, hört Musik aus riesigen Ghettoblastern und swingt im Rhythmus mit. Während im Stadtkern von Windhoek das Leben eher gemächlich dahinfließt, scheint es hier zu pulsieren. Wir sehen auf unserer Rundfahrt viele Häuser und Hütten mit dazugehörendem Stückchen Land, einem *kraal*, wo Obst und Gemüse angebaut wird. Neu sind *cuca-shops*. Das sind Garküchen, in denen der traditionelle *mieliepap* mit variierenden Beilagen angeboten wird und die gleichzeitig beliebte Treffpunkte sind. In der wachsenden Zahl dieser *cuca-shops* zeigt sich ein sozialer Wandel. Die meisten der 1,7 Millionen Einwohner kochen aber nach wie vor ihren Maismehlbrei mit Wasser oder Milch im *potjie* draußen vor der Hütte auf einem Holzfeuer.

Windhoek, der Schmelztiegel aller elf Bevölkerungsgruppen Namibias, verlassen wir in einer Cessna am nächsten Morgen schon in aller Frühe. Friedhelm, der uns in Eros, dem Privatflugplatz von Windhoek, abgeholt hat, fliegt in Richtung Süden. Karg und rötlichbraun mit einzelnen schwarzgrauen Büschen liegt die

op pad

Landschaft unter uns. Nur vereinzelt sind Farmhäuser zu erkennen. Wildherden werden aufgescheucht. Entweder haben sie das Brummen des Motors gehört oder den Schatten des Flugzeugs gesehen. Wieder kaum vorstellbare, endlos scheinende Weite. Kurz vor Mariental und dem Hardapstausee wird das Land grüner. Große Getreide- und Gemüsefelder sind erkennbar. Wir erreichen den Kuiseb-Canyon mit seinen Schluchten, den mannigfachen Gesteinsformationen, gewaltigen Erosionen der Natur und den faszinierenden Licht- und Schattenspielen. Unmerklich geht die Steinwüste in hohe Sandberge über. Wir nähern uns den höchsten Dünen Afrikas, den berühmten Dünen der »Namib-Naukluft Wüste«, der ältesten Wüste der Welt. In einem einzigartigen Farbenspiel von hellweißgelb bis fast dunkelrot und mit ihren durch den Wind immer wieder wechselnden Formationen liegen sie unter uns. Kaum fassbar sind für uns diese Dimensionen, diese Einsamkeit und die unberührte Natur.

Die Zeit scheint stillzustehen; nach endlosen Stunden dreht Friedhelm gen Norden ab und wir landen kurz vor Einbruch der Dunkelheit auf seiner Farm. Ein Jeep bringt uns nach »Etendero«, wo uns unsere Verwandten erwarten. Im letzten Sonnenlicht erreichen wir das in den Dreißiger Jahren erbaute »Weiße Haus von Südwest«. Ein Blütenmeer von Bougainvilleen umgibt das Haus und seine Anbauten. In den stilvoll eingerichteten Gästezimmern erholen wir uns von den vielen neuen Eindrücken.

Am nächsten Morgen klopft es an der Tür. Josef steht dort im Morgenlicht mit einem Tablett, auf dem eine Tasse heißer Tee und ein silbernes Körbchen mit frisch gebackenen Plätzchen stehen. »early morning tea« nennt er diese liebenswerte Überraschung.

Nach einem opulenten Frühstück schließen wir uns einer Pirschfahrt im offenen Jeep an. Kudus springen vom Motor aufgeschreckt in die dicht stehende Dornbuschsavanne. Hier gibt es viele Tiere zu beobachten: Perlhühner rennen auf der sandigen *pad*, eine Warzenschweinfamilie können wir nur schwer erkennen, weil ihr Fell die gleiche gräulich-braune Farbe wie Boden und Sträucher hat. Die mit uns fahrenden Jagdgäste sind hellauf begeistert und freuen sich schon auf den Pirschgang am späten Nachmittag.

Nach »Entendero« zurückgekehrt, lernen wir Petra, die Besitzerin einer nahe gelegenen Farm kennen. Sie bringt uns auf ihrer Fahrt nach Omaruru Ziegenkäse vorbei. Seit einiger Zeit hält sie Ziegen und stellt aus der Milch Feta- und Frischkäse her. Am Abend wird diese Zutat köstlicher Bestandteil unseres Salates sein.

Vor ein paar Tagen auf Kiripotib lernten wir den Sundowner als Drink kennen. Heute fahren wir zum Sonnenuntergang mit einigen Flaschen kühlem »Windhoek Lager« und einer Flasche Sekt zum Sundowner-Platz. Das ist ein Aussichtspunkt, den jeder Farmer auf seinem Besitz für den schönsten Platz der Welt hält und an dem er und seine Gäste den Tag ausklingen lassen.

Am nächsten Morgen haben wir schon vor Sonnenaufgang gefrühstückt. Friedhelm will mit uns zu den Ovahimbas fliegen. Dieser Stamm lebt weit im Norden, im Kaokoveld, noch sehr ursprünglich. Friedhelm versorgt sie mit Medikamenten, Nahrungsmitteln und Werkzeugen. Wir sind gespannt und neugierig, was uns erwartet. Nach kurzer Flugzeit taucht der Vingerklip-Felsen, rötlich von der Sonne angestrahlt, in der Savanne auf. Wir streifen die Etosha-Pfanne, beobachten Zebras, Giraffen und Springböcke, die Wappentiere Namibias, an den Wasserlöchern oder beim Galoppieren übers Land. Dann erreichen wir den Kunene. Der Fluss windet sich durch ein Tal mit üppiger Vegetation. Das Tosen der Epupa-Wasserfälle übertönt sogar das Motorengeräusch unseres Flugzeugs. Wieder einmal sind wir von der Landschaft fasziniert. Doch schon bald zeigt sich das Land karger und schroffer. Wir nähern uns dem Kaokoveld, der Heimat der Ovahimbas. Noch heute ziehen einige Familien nomadisierend mit ihren Rindern und Ziegenherden auf der Suche nach Weideflächen durch die Gegend. Friedhelm muss einige Male das Zielgebiet umkreisen, um »seinen« Stamm und

op pad

die für ihn gerodete Landebahn zu finden. Das Flugzeug ist noch nicht zum Stillstand gekommen, da erscheinen schon die »roten Menschen«: um sich vor der Sonne zu schützen, schmieren sie sich von Kopf bis Fuß mit einem Butterfettgemisch ein. Friedhelm stellt uns vor und übersetzt unsere und ihre Fragen. Das Flugzeug wird ausgeladen, die Ware wird lachend begutachtet und verteilt und Friedhelm zückt den Bleistift, um neue Wünsche zu notieren. Inzwischen bestaunen wir den Schmuck und die Kleidung der Ovahimbas. Die Frauen tragen Felle, die sie um die Hüften geschlungen haben, und wuchtige Halsreifen oder an Lederbänder gebundene seltene Muscheln. Ihre Haartracht gibt uns Rätsel auf. Friedhelm erklärt uns die Frisuren, an denen man ihren Status erkennen kann. Einige der Frauen tragen Kalebassen – ausgehöhlte, verzierte Kürbisse – in denen sie Wasser oder *omaere*, geronnene Kuhmilch, aufbewahren. Zusammen mit Maismehl ist sie das Grundnahrungsmittel der Ovahimbas. Wir fühlen uns in eine andere Zeit versetzt.

Der nächste Tag führt uns nach Swakopmund. Die Stadt am Meer, so erfahren wir auf unserer Fahrt mit dem Wagen durch die schier endlos scheinenden Weiten, ist nicht nur Badeort für Touristen, sondern für viele Namibier auch Erholungsort, Altersruhesitz und Schulort für die Kinder. Entsprechend abwechslungsreich und lebhaft ist hier das Leben. Kleine, einladende Geschäfte haben sich hier in neu entstandenen Einkaufspassagen angesiedelt. Es gibt ein Spielcasino, eine Freilichtbühne, ein Kino, etliche Restaurants mit ausgezeichneten Fischgerichten und nette Straßencafés unter Palmen wie das »Out of Africa«.

Wir sind mit Anke und ihrer Familie an der alten *jetty*, der eisernen Landungsbrücke, die weit ins Meer hinausragt, verabredet. Als wir über die palmengesäumte und mit Blumenbeeten geschmückte Promenade den Strand erreichen, trifft ein Teil der Familie die Vorbereitungen zum Langustenessen, während ein paar junge Männer in Taucheranzügen die Tiere erst noch fangen müssen. Helmut holt Holz aus dem Auto und entfacht ein Feuer. Anke hat den *potjie* den Dreibeintopf mit Meerwasser gefüllt und stellt ihn bei unserer Ankunft gerade über das Feuer. Jetzt ist alles vorbereitet und wir vertreiben uns die Wartezeit. Wir bummeln am Strand entlang, suchen Muscheln und beobachten die Möwen und Kormorane. Im Windschatten sitzend lassen wir uns von der Sonne wärmen. Schließlich kehren die Taucher mit prall gefüllten Umhängetaschen aus dem Wasser zurück. Welch eine Freude, es ist für jeden eine Languste da. Das Wasser im *potjie* kocht und Anke lässt die Langusten langsam in das sprudelnde Wasser gleiten. Was für ein Festschmaus steht uns bevor! Die Langusten werden mit einer Zange aus dem Topf gehoben und auf eine Platte gelegt. Alle versammeln sich um einen kleinen Campingtisch, auf dem jetzt die Schale mit den herrlich roten, appetitlichen Langusten, ein Schälchen mit Zitronen-Knoblauch-Butter und frisches Brot stehen. Wir brechen die Panzer mit den Händen auf und lösen das Fleisch heraus, bestreichen es mit Butter und genießen zusammen mit dem Brot jeden Bissen. Über uns die Sonne am strahlendblauen Himmel. Das Meer mit seiner tosenden Brandung vor uns. Gibt es einen schöneren Rahmen, um fangfrische Langusten zu verspeisen?

Die letzten Tage verbringen wir auf »Bitterwasser«, einem Eldorado für Segelflieger aus aller Welt. Hier wurden schon viele Weltrekorde geflogen. Für jeden Rekord wird eine Palme gepflanzt, an der ein kleines Schild aus Messing den Namen des Fliegers nennt. Inzwischen ist eine stattliche Palmenallee entstanden und jeder leidenschaftliche Flieger möchte sich hier in dieser Form mit seinem Rekord verewigen. Als ich zusammen mit meinem Mann, selbst begeisterter Flieger, in einem doppelsitzigen Segelflugzeug über die Kalahari und die Weiten Namibias fliege, nur von den Windgeräuschen begleitet, unter uns die vielen wild lebenden Tiere, fühlen wir uns eins mit der Natur und wissen, dass wir Namibia, das Land, die Menschen und die Tiere schätzen und lieben gelernt haben.

farmer's lekkerny

salat mit ziegenkäse, kaktusfeigen und geräuchertem wildfleisch

op pad

Ein raffiniertes »Leckerchen«, leicht zuzubereite fruchtig-süß und wirklich »wild« im Geschmack i der Kombination mit geräuchertem Fleisch und Zi genkäse.

1 Eisbergsalat
1 Salatgurke
4 reife Tomaten
80 ml süße Sahne
4 TL Mayonnaise
3 TL Joghurt
2 TL Zucker
Salz, Pfeffer
4 kleine Ziegenfrischkäse
8 Scheiben Wildfleisch, geräuchert, fein geschnitten
4 Kaktusfeigen

1 Den Eisbergsalat zerpflücken, waschen und gut abtropfen lassen, anschließend in Streifen schneiden. Die Gurke schälen und mit einem Gurkenhobel in dünne Scheiben schneiden. Die Tomaten waschen und achteln.

2 Sahne, Mayonnaise, Joghurt, Zucker, Salz und Pfeffer mit einem Schneebesen verrühren und mit den Salatstreifen, Gurkenscheiben und Tomaten vermischen. Den Salat auf Tellern anrichten und mit dem Ziegenkäse, den Wildfleischscheiben sowie den in Scheiben geschnittenen Kaktusfeigen dekorieren.

Hierzu passt ganz hervorragend selbst gebackenes Farmhausbrot; Rezept Seite 57.

Tipp: Vorsicht! Die Kaktusfeigen wegen der feinen Stacheln nur mit Handschuhen anfassen und die Schale vorsichtig mit einem Messer abziehen!

Getränkeempfehlung: ein vollmundiger Weißer Sémillon

lam rug met kalahari truffels

lammrücken mit kalahari-trüffeln

op pad

Die Kalahari-Trüffel wächst nur nach einem guten Regenjahr. Auf der Farm Kiripotib wird sie quasi vor der Tür gesammelt. Und die Gäste sind natürlich begeistert, eine so seltene Spezialität mitten in Namibia kosten zu können.

für 6 Portionen

1 Lammrücken/Lendenkotelettstück, ca. 1,5 kg
2 Knoblauchzehen
4 EL Olivenöl
1 TL Salz
roter und schwarzer Pfeffer, frisch gemahlen
frischer Rosmarin
2 Möhren
3 Lorbeerblätter
500 ml trockener Kap-Rotwein
500 g Kalahari-Trüffeln
alternativ: Morcheln, frisch oder getrocknet

1 Vom Lammrücken die kurzen Rippen absägen. Die Knoblauchzehen schälen, stifteln und den Rücken damit spicken. Mit Olivenöl, Salz, Pfeffer und Rosmarin einreiben und in einer Kasserolle von allen Seiten im Olivenöl braun anbraten.

2 Die Möhren schälen und ganz dazugeben. Mit etwas Kapwein ablöschen und die Lorbeerblätter einlegen. Im vorgeheizten Backofen bei 220 °C ca. 60 Minuten braten.

3 Die Trüffeln gründlich vom Kalaharisand befreien, nicht waschen, und in feine Scheiben schneiden oder hobeln. In Butter kurz andünsten, zart salzen, mit dem restlichen Rotwein ablöschen.

4 Das Lammfleisch vom Knochen lösen, die Filets schräg aufschneiden und mit der Trüffelsauce servieren. Dazu passen ein Kartoffelgratin mit Frühlingszwiebeln und frischer Farmsalat.

Tipp: In Europa kann man in der Saison auf italienische oder französische Trüffeln zurückgreifen – aber das ist ein teures Vergnügen.

Getränkeempfehlung: Kapmelange (Cabernet-Merlot) oder eine Bordeaux-Melange

lewer pastei

lammleberterrine mit apfel und sherry

In Namibia gibt es eine große Anzahl von Karakulschaf-Farmen. An den Schlachttagen müssen wegen der Hitze Fleisch und Innereien rasch verarbeitet werden.

Das Fleisch landet meist auf dem Barbecue-Rost, aber die Leber ist besser in einer Pastete aufgehoben.

100 g Butter
500 g Lammleber
alternativ: Gänse- oder Kalbsleber
1 mittelgroße Zwiebel
1 Apfel
6 EL Sherry, trocken
2 Eier, hart gekocht
Salz, Pfeffer
Zitronensaft
1 Knoblauchzehe, gehackt

1 Die Butter in einer Pfanne zerlassen und eine Hälfte davon zur Seite stellen. Leber, Zwiebel und Apfel möglichst fein hacken und in der restlichen Butter fünf Minuten brutzeln lassen. Mit dem Sherry ablöschen und kurz einkochen lassen.

2 Dann nacheinander die gehackten Eier und die abgekühlte Butter hinzufügen und mit Salz, Pfeffer, Zitronensaft und Knoblauch abschmecken.

3 Die Masse rasch zweimal durch die feinste Scheibe des Fleischwolfes drehen, in eine Pastetenform geben und für einige Stunden kalt stellen. Mit Farmhausbrot servieren.

Tipp: Pastetenform mit Alufolie oder Pergamentpapier auskleiden. Die Lammleberterrine kann bis zu einer Woche gut gekühlt aufbewahrt werden.

Getränkeempfehlung: ein ausgeglichener Roter, z. B. Pinotage oder Merlot

anki's tarentaal hohewarte
gefüllte perlhuhnbrüstchen in weißwein-sahne-sauce

Perlhühner leben in der freien Wildbahn Namibia und sind wegen ihres zarten Geschmacks sehr beliebt.
Es gibt eine Vielzahl an Rezepten; die Farm »Hohewarte« serviert eine besonders köstliche Art der Zubereitung.

4 Perlhuhnbrüstchen
100 g Spinat
1/4 Zwiebel oder 1 Schalotte
1/2 Knoblauchzehe
10 g Butter
100 g Fetakäse
20 ml Öl
Salz, Pfeffer

Sauce:
4 Knoblauchzehen, fein gehackt
100 ml Weißwein
100 ml Hühnerbrühe
250 ml Sahne (Rahm)

1 Zunächst die Perlhuhnbrüstchen parieren, waschen, gut abtrocknen und beiseitelegen. Den Spinat waschen und blanchieren. Die Zwiebel mit dem Knoblauch in Butter goldbraun anbraten, den Spinat zufügen und kurz mitgaren, dann abkühlen lassen.

2 Den Fetakäse dazugeben und gut vermengen. Backofen auf 100 °C vorheizen.

3 Der Länge nach eine Tasche in die Perlhuhnbrüstchen schneiden und mit dem Spinat-Käse-Gemisch füllen. Die Öffnung mit einem Zahnstocher schließen. Die Brüstchen mit Salz und Pfeffer würzen, in Öl anbraten, Pfanne in den Backofen stellen und die Brüstchen in ca. 10 Minuten garen.

4 Während der Zubereitung der Sauce die Brüstchen auf einer Platte zugedeckt warm halten. In der gleichen Pfanne die gehackten Knoblauchzehen anbraten und anschließend mit Weißwein ablöschen. Die Hühnerbrühe zugießen und die Flüssigkeit etwa um die Hälfte einköcheln lassen.
Dann die Sahne zugeben und so lange reduzieren, bis die Sauce eine sämige Konsistenz erlangt. Die Sauce über die Perlhuhnbrüstchen geben. Dazu passt Reis.

Getränkeempfehlung: ein fruchtiger Merlot oder ein Shiraz

kreef met suurlemoen
langusten mit zitronen-knoblauch-butter

op pad

Im November beginnt die Langustensaison und in den Weihnachtsferien treffen sich die Familien mit ihrem *potjie* am Strand. Die Langusten kommen fangfrisch in den Topf und werden in geselliger Runde am Strand verspeist.

**3 l Meerwasser
oder 3 l Wasser mit 2 EL Meersalz
4–5 fangfrische Langusten,
je nach Größe der Langusten
und des Topfes
250 g Butter
2 frische Zitronen
1 Knoblauchzehe
Salz, Pfeffer**

1 Das Wasser zum Kochen bringen und die Langusten – Kopf voraus – nacheinander hineingeben. Wenn das Wasser erneut zu kochen beginnt, die Tiere 8 Minuten zugedeckt kochen lassen.

2 Die Butter in kleine Stücke schneiden, die Zitronen auspressen und den Saft in einem Topf erhitzen. Den Topf vom Herd nehmen und nacheinander unter kräftigem Schlagen mit dem Schneebesen die Butterstückchen unterarbeiten. Anschließend die Knoblauchzehe auspressen und mit Salz und Pfeffer unter die Buttermasse schlagen.

3 Den Panzer der abgekühlten Langusten aufbrechen, die Buttermasse über das Fleisch geben und die Tiere im Panzer servieren.

Getränkeempfehlung: jeder gut gekühlte Sekt aus Südafrika, wenn möglich Méthode Cap classique

konfyt etendero

konfitüre aus orangen, bananen und ananas

Die Sonne geht auf – der Tag erwacht und eine Sinfonie von Früchten stimmt auf neue Abenteuer im Busch ein.

500 ml Orangensaft, frisch gepresst
500 g Bananenscheiben
500 g frische Ananasstückchen
1750 g Gelierzucker
Mark von 2 Vanilleschoten oder
5 Päckchen Vanillezucker
5 g Zimt, gemahlen

1 Die Bananenscheiben im Orangensaft marinieren. Ananasstücke und Gelierzucker hinzufügen und kräftig miteinander vermischen. Alles 2 Stunden durchziehen lassen.

2 Das Vanillemark – oder Vanillezucker – mit dem Zimt zu den Früchten geben und das Gemisch auf dem Herd zum Kochen bringen. 4 Minuten sprudelnd kochen lassen, in Gläser füllen und mit Deckeln fest verschließen.

hawermoutkoekies

haferflockenplätzchen

Kann man schöner an einem sonnigen Morgen geweckt werden als mit einer Tasse heißem Tee oder Kaffee? Diese Plätzchen adeln jeden early morning coffee sowie den afternoon tea.

250 g Haferflocken
250 g Mehl
250 g Mandeln, gerieben
250 g Zucker
120 g Butter
30 ml kochendes Wasser
15 ml Vanillesirup oder
15 ml Honig
5 g Backpulver

1 Haferflocken, Mehl, Mandeln und Zucker miteinander vermischen.

2 Butter in heißem Wasser schmelzen, Vanillesirup oder Honig hinzufügen und etwas abkühlen lassen.

3 Das Haferflockengemisch zur Buttermischung geben, Backpulver zufügen und alles zu einem Teig verarbeiten.

4 Den Backofen auf 180 °C vorheizen. Ein Backblech gut einfetten, mit einem Teelöffel runde Plätzchen aufs Blech setzen, etwas flachdrücken und in 8–10 Minuten goldbraun backen. Auf einem Kuchengitter auskühlen lassen.

Getränkeempfehlung: Rooibos-Tee

afrika-stoller

afrikanischer weihnachtsstollen aus dem craft center café windhoek

Die Namibier feiern Weihnachten zu ihrer heißesten Jahreszeit. 45 °C sind in Windhoek die Regel, nur an der Küste ist es kühler. Der Kameldorn wird wie der Tannenbaum geschmückt, das Weihnachtsfest wird wie in Europa gefeiert und auch der Christstollen darf nicht fehlen.

150 g Butter
150 g Zucker
2 Päckchen Vanillezucker
3 Eier
100 g getrocknete Aprikosen
100 g Orangeat
50 g Zitronat
Saft einer Zitrone
Saft einer Orange
250 g Speisequark
600 g Mehl
1 Päckchen Backpulver
125 g Rosinen

zum Bestreichen:
50 g zerlassene Butter

zum Bestreuen:
25 g Puderzucker

1 Butter, Zucker und Vanillezucker so lange schaumig rühren, bis der Zucker sich aufgelöst hat. Nacheinander die Eier hinzufügen und kräftig weiterrühren.

2 Aprikosen, Orangeat und Zitronat fein hacken und zusammen mit dem Zitronen- und Orangensaft in den Teig geben und alles gut vermischen.

3 Den Quark, wenn nötig, durch ein Sieb streichen und zu dem Teig geben, Mehl und Backpulver zufügen und alles kräftig verkneten. Zum Schluss die Rosinen einarbeiten.

4 Den Backofen auf 200 °C vorheizen. Ein Backblech einfetten, aus dem Teig einen Stollen formen und auf das Backblech setzen, mit Mehl bestäuben und auf der mittleren Schiene 70 Minuten backen. Sollte er zu braun werden, nach 50 Minuten mit Alufolie abdecken. Den Stollen mit heißer Butter bestreichen und mit Puderzucker bestreuen.

Tipp: Quarkstollen ist nur begrenzt haltbar, er sollte möglichst frisch gegessen werden!

Getränkeempfehlung: Kaktusfeigensaft

middagete by gathemanns

Windhoek ist eine ruhige afrikanische Hauptstadt: sehr sauber, überschaubar, von gemütlichem Charme. Kontrastreich stehen stilvolle, liebevoll und aufwendig restaurierte Kolonialbauten neben modernen Geschäftshäusern. Wir kommen aus dem Kalahari Sands Hotel. Hier befindet sich eine große Einkaufspassage mit vielen Geschäften und Supermärkten. Jetzt, in der Vorweihnachtszeit, herrscht auch hier emsiges und geschäftiges Treiben. Mittendrin: ein riesiger, festlich geschmückter Weihnachtsbaum und aus allen Lautsprechern erklingen deutsche Weihnachtslieder!

Wir erreichen die Independence Avenue, Windhoeks größte Einkaufsstraße, die ehemalige Kaiserstraße. Seit der Unabhängigkeit Namibias 1990 sind viele Straßennamen umbenannt worden. Um die Mittagszeit, bei vierzig Grad Celsius, die Weihnachtslieder noch in den Ohren, bietet sich uns auf der Straße ein buntes, fröhliches und sommerlich heiteres Bild, in das wir eintauchen. Gut gekleidete Menschen, schwarze und weiße, im Business-Outfit oder in farbenfrohen Stammestrachten, füllen die Gehwege. In den Parks sitzen Berufstätige auf dem Rasen, essen und trinken, schwatzen und lachen und verbringen so eine kurze Mittagsrast. Wie überall in Windhoeks Innenstadt fließt der Verkehr auch in der Independence Avenue ruhig und ungehindert.

Gegenüber einem Park mit schattenspendenden Palmen liegt das alte, prachtvolle Gathemann Building mit seinen säulengeschmückten Loggienöffnungen und der steilen, roten Ziegeldachlandschaft. In diesem 1913 als Wohn- und Geschäftshaus errichteten Gebäude befindet sich das nach dem Erbauer benannte Restaurant. Wir treffen uns hier heute Mittag mit einigen namibischen Freunden.

Das Restaurant befindet sich im ersten Stock. Lokalkolorit und Windhoeker Lebensgefühl genießt man während des Essens auf der großen Terrasse unter Sonnenschirmen direkt über der Independence Avenue. Abgeschirmt, in ausladenden Korbsesseln sitzend, speisen Geschäftsleute und Verliebte in einer Loggia. Urs Gamma, der jetzige Besitzer des Restaurants, begrüßt uns herzlich und führt uns in den sogenannten Rosensaal. Hier dominieren Rosen die Dekoration, auch die Servietten sind mit Rosen bestickt. Die Handarbeiten werden von Frauen aus dem Schwarzen-Vorort Katutura gefertigt, die damit eine Verdienstmöglichkeit haben. Nicht nur die Rosen ziehen unsere Augen an, auch die beigefarbenen Tischdecken mit eingewebten Tiermotiven gefallen uns. Es sind die Tiere Afrikas: Elefanten, Löwen, Giraffen und Nashörner. Geflochtene Schalen mit getrockneten Früchten, Samen und Schoten schmücken die Tische.

Während wir auf unsere Freunde warten, genießen wir einen gut gekühlten, roséfarbenen südafrikanischen Sekt und Urs erzählt uns, dass er immer auf der Suche nach südafrikanischen Weinen ist, die zu seinen Speisen passen. Mit großem Engagement, viel Kreativität, reichlich Freude am Kochen und der Vorliebe für die aus Namibia stammenden Produkte hat er in seinem Restaurant eine leichte und frische Küche entwickelt. Die ständig wechselnde Speisekarte orientiert sich an der Marktlage, der Saison und an den Angeboten der Farmer.

Die meisten Produkte bezieht er direkt von den Farmern, die ihm auch Fleisch von Zebra, Giraffe, Gnu oder Strauß anbieten. Grüner Spargel kommt von einer Farm aus Swakopmund, ebenso die uns angebotenen köstlichen Oliven. Datteln werden aus Mariental bezogen, Melonen aus Stampriet und Trauben aus dem Süden. Manchmal fährt Urs Gamma hunderte von Kilometern, um zu bestimmten Zeiten *omajova*-Pilze zu sammeln, die hauptsächlich an Termitenhügeln wachsen. Noch schwieriger sind die Kalahari-Trüffeln zu bekommen. Sind dann aber welche vorhanden, stehen sie als Trüffelsuppe mit Champagner – ein Lieblingsgericht des Hausherrn – oder als Beilage zu Springbockrücken beziehungsweise Zebrarückensteak auf der Speisekarte.

Fisch ist hier im Inland schwieriger zu bekommen, berichtet uns Urs, lange Transportwege müssen in Kauf genommen werden. Dennoch sind Austern aus Lüderitz fast immer zu haben. Und auch Afrikanischer Adlerfisch, Kreuzwels, Buttermakrele, Streifenbrasse, Kingklip, Petersfisch sowie Engelsfisch, Knurrhahn oder die köstlichen namibischen Langusten werden direkt vom Kutter an der Küste gekauft und auf Eis nach Windhoek transportiert.

Nacheinander treffen unsere Freunde ein. Friedhelm und Ria sind am Morgen mit ihrem Flugzeug in Windhoek gelandet, um neue Jagdgäste für ihre Farm abzuholen. Weitere Gäste treffen ein, begrüßen einander und im Handumdrehen haben wir Gesprächsstoff, plaudern über Politik, Wetter, Probleme des Alltags und Veranstaltungen, die in den nächsten Wochen in Windhoek stattfinden sollen.

Mittlerweile haben sich alle um den festlich gedeckten Tisch versammelt. Der Hausherr lässt als Amuse Gueule frische Lüderitzer Austern mit einem Spritzer Zitrone servieren und schenkt noch einmal südafrikanischen Sekt nach. Die Austern sind köstlich, wir schmecken die Frische und können uns nicht erinnern, jemals bessere gegessen zu haben.

Namibia ist wie viele Staaten Afrikas eine begeisterte Fußballnation. Rainer, einer unserer Gäste, spielte während seiner Schulzeit im Windhoeker Fußballclub. Als besondere Überraschung für uns berichtet er von dem Borussia-Dortmund-Fanclub »African Büffel Windhoek«. Jetzt verstehen wir den Wunsch nach Fußballtrikots als Gastgeschenk. Anke, seine Mutter, hält immer einen Vorrat an verschiedenfarbigen Fußballstutzen bereit, denn oft finden samstags Fußballturniere unter den Farmen statt. Begeistert wird nach dem K.o.-System gespielt: Wer nicht mehr kann, hört auf. Die Mannschaft, die als letzte auf dem Platz steht, hat gewonnen. So kann ein Spiel Stunden dauern ...

Die Vorspeise wird aufgetragen: Swakopmunder grüner Spargel mit dünn geschnittenem getrockneten Kudufleisch und Fetakäsewürfeln aus Ziegenmilch. Dazu trinken wir einen fruchtigen Sémillon Réserve vom Weingut Stellenzicht aus Südafrika.

Renate, eine Farmersfrau aus Okahandja, hat ihre Mutter mit in die Stadt gebracht. Angesichts der wunderbaren Gerichte erinnert sie sich an die harten Lebensbedingungen, die noch zu ihrer Jugendzeit auf den Farmen geherrscht haben. Es musste fast alles selbst angebaut und hergestellt werden. Supermärkte gab es nicht einmal in den größeren Städten. Sie kann kaum glauben, dass der grüne Spargel in Namibia angebaut wird. Früher stammten neunzig Prozent aller Nahrungsmittel aus Südafrika. Begeistert und anerkennend äußert sie sich über den Mut vieler Farmen, mit dem Anbau von Obst und Gemüse zu beginnen, um vom Import unabhängiger zu werden. Sie genießt es, in der Stadt zu sein. Lachend erzählt sie uns, dass viele Farmersfrauen früher nur zur Entbindung nach Windhoek kamen. Der Aufenthalt im liebevoll »Storchennest« genannten Elisabeth-Heim auf einem Hügel Windhoeks war oftmals die einzige Erholung vom arbeitsreichen Farmleben.

Das Zebrarückensteak auf Kalahari-Trüffelsauce mit Kartoffelfächer wird serviert und ein Merlot vom Neethlingshof, ein weiterer Wein aus Südafrika, den wir schätzen gelernt haben, ist hierzu der ideale Begleiter. Wir stoßen miteinander an und trinken auf eine regenreiche Zeit, die die Weiden grünen lässt und dem ausgetrockneten Land neue Kräfte schenkt, was uns Europäer wieder einmal daran erinnert, welch lebenswichtige Bedeutung der Regen für die Menschen hier hat.

Die Zeit des *middagete* vergeht im Fluge, und mittlerweile sind wir beim Nachtisch angelangt: saftige Melonenhälften, gefüllt mit reifen, dunkelroten Maulbeeren, gerösteten Mandeln und einem Schuss Zitronenlikör aus der »Kristallkellerei« Omaruru.

middagete by gathemanns

bruno's botterskorsie so[p]

suppe aus butternusskürbis

middagete by gathemanns

Eine warme Suppe in Afrika! Auch das gibt es un[d] ist ein wahrer Genuss an kühlen Abenden. Butte[r]nuts zählen zu den besten Speisekürbissen. Leid[er] sind sie in Europa nicht immer zu bekommen; de[r] Moschuskürbis ist ein hervorragender Ersatz.

50 g Butter
2 Zwiebeln
500 g Fruchtfleisch vom Butternusskürbis
1 Apfel (Granny Smith), geschält und entkernt
45 g Weizenmehl
5 g Currypulver
1 Prise Muskatnuss
750 ml Hühnerbrühe
375 ml Milch
Saft und Schale von einer unbehandelten Orange
Salz, Pfeffer
1 Prise Zucker
125 ml Schlagsahne
Petersilie und Schnittlauch, fein geschnitten

1 Butter in einem Topf zerlassen, die Zwiebeln klein schneiden und darin goldbraun anbraten. Den Kürbis schälen und mit dem geschälten und entkernten Apfel klein hacken. Beides zu der Zwiebel geben und etwa 3 Minuten unter Rühren braten, bis die Butter ganz aufgenommen wurde.

2 Mehl, Currypulver und Muskatnuss untermischen und anschließend nacheinander die Hühnerbrühe, die Milch und den Orangensaft mit der abgeriebenen Schale hinzufügen. 15–20 Minuten leicht köcheln lassen, bis das Gemüse weichflüssig wird.

3 Mit Salz, Pfeffer und Zucker abschmecken, in vorgewärmte Suppentassen füllen, mit der geschlagenen Sahne, Petersilie und Schnittlauch verzieren und servieren.

Getränkeempfehlung: Chardonnay (kein im Barrique ausgebauter) oder Gewürztraminer

deike's prei ter

tarte mit porree und cheddar

middagete by gathemanns

Porreetarte kann eine vorzügliche Vorspeise, ein kleines Abendessen zusammen mit einem frische Salat oder auch eine Beilage zu Wildgulasch, Rezept auf Seite 47, sein. Cheddar, der meistverwendete Käse Namibias, gibt die richtige Würze.

Teig:
150 g Mehl
7 g Salz
5 g Paprika
110 g Butter
50 g Cheddar
125 ml kaltes Wasser

Füllung:
5 dicke Stangen Porree
2 große Zwiebeln
2 Knoblauchzehen
30 g Butter
4 große Eier
200 ml süße Sahne
200 ml saure Sahne
Salz und Pfeffer
100 g Cheddarkäse, gerieben

1 Mehl, Salz, Paprika, Butter und den geriebenen Cheddarkäse mit dem Wasser zu einer Teigmasse verarbeiten. Den Backofen auf 180 °C vorheizen. Eine feuerfeste Form ausbuttern, den Teig hineinlegen, mit den Händen flachdrücken und bis zum Rand hochziehen. 10 Minuten vorbacken und erst dann die Füllung hineingeben.

2 Porreestangen putzen und Zwiebeln schälen, beides in feine Ringe schneiden. Die Knoblauchzehen fein hacken und anschließend alles in der Butter glasig dünsten.

3 Eier, süße und saure Sahne gut miteinander verquirlen, mit Salz und Pfeffer würzen und mit dem Porree, Zwiebeln und Knoblauch gut vermischen. Auf den vorgebackenen Teig geben und mit dem geriebenen Cheddarkäse bestreuen. Weitere 50 Minuten bei 180 °C backen.

Getränkeempfehlung: Sauvignon blanc, fruchtiger, trockener Weißwein

namibiese volstruis bredie
straußengulasch auf namibische art

Straußenfleisch ist seit einigen Jahren auch in Europa erhältlich. Es lässt sich problemlos zubereiten. Die Gewürzmischung aus Zimt und Ingwer in Verbindung mit Pflaumen und Honig kitzelt die Geschmacksnerven.

800 g Straußenfleisch
alternativ: Rindfleisch
1 Zwiebel
15 ml Sonnenblumenöl
5 g Zimt, gemahlen
250 ml Wasser
250 ml Rotwein
250 g Pflaumen, getrocknet
ohne Kern
30 ml Honig
1/2 Zitrone in Scheiben
10 ml Speisestärke
Zitronenecken

1 Das Straußenfleisch in mundgerechte Stücke schneiden. Die Zwiebel klein hacken und mit dem Öl, Zimt und Ingwer zum Fleisch geben und alles miteinander gut vermischen. Zugedeckt an einem kühlen Ort zwei Stunden durchziehen lassen.

2 Das Fleisch anbraten und mit dem Wasser und Rotwein ablöschen. Pflaumen, Honig und Zitronenscheiben hinzufügen und alles langsam in 1 1/2 Stunden weich kochen.

3 Die Sauce mit Speisestärke andicken und reduzieren, bis sich eine sämige Konsistenz bildet.

4 Das Straußengulasch mit den Zitronenecken garnieren und servieren. Dazu passt ein *mieliepap* oder Kartoffeln.

Getränkempfehlung: Pinotage oder Shiraz

amarularoom met appelliefie
bayerische creme auf namibisch mit kapstachelbeeren

middagete by gathemanns

Der Klassiker einmal exotisch! Der cremige Amarulalikör hat einen ganz speziellen süßlich-sahnigen Geschmack. Wer möchte, kann auch Kapstachelbeeren (ohne Hüllblatt) in die Creme geben, bevor sie geliert.

6 Eigelb
250 g Zucker
500 ml Buttermilch
18 g Gelatine
500 ml süße Sahne
100 ml Amarulalikör
Kapstachelbeeren mit Hüllblatt zur Dekoration

1 Eigelb mit Zucker schaumig schlagen. Die Buttermilch auf kleiner Flamme erhitzen und die vorschriftsmäßig aufgelöste Gelatine dazugeben.

2 Unter ständigem Rühren die Buttermilch zu der Eigelb-Zucker-Masse gießen. Alles in den Topf zurückgeben, so lange erhitzen und weiterrühren, bis sich eine Rose abziehen lässt. Nicht kochen, sonst gerinnt das Ei. Die Creme mit dem Schneebesen kalt schlagen.

3 Die Sahne steif schlagen. Wenn die Creme anfängt zu gelieren, den Amarulalikör und die Sahne vorsichtig unterheben. In Gläser füllen und im Kühlschrank kalt stellen.

4 Vor dem Servieren mit den Kapstachelbeeren verzieren.

Variante: Die Creme abwechselnd mit Löffelbiskuits, mit wenig Likör getränkt, in eine Servierschüssel geben. Die Oberfläche mit Sahnetupfen verzieren.

Getränkeempfehlung: süßer, eisgekühlter Riesling oder südafrikanischer Schaumwein

namib

Holpernd und ruckelnd kommt der umgebaute alte Landrover vor dem Hansa-Hotel in Swakopmund zum Stehen. Die Tür wird aufgerissen, flink springt ein schlanker Mann mit lilafarbener Samtballonmütze aus dem Wagen. Er kommt direkt auf uns zu und stellt sich als Bruno Nebe von Turnstone Safaris vor. Er soll uns heute zu den Narafeldern und nach Sandwich Harbour bringen. Unser Gepäck wird verstaut und wir begrüßen unsere Mitreisenden auf diesem Ausflug. Ein älterer, distinguiert wirkender Engländer nebst Gattin haben bereits Platz genommen. Wir finden im Heck neben etlichen Safaristühlen, einem Campingtisch und vier Kühltaschen unsere Sitze.

Wir verlassen Swakopmund und fahren entlang der Küste Richtung Walvis Bay. Der blaue Himmel erstreckt sich bis zum Horizont, einzelne Schönwetterwolken wirken wie hingetuscht. Rechts von uns sehen wir das Meer, das heute nicht in Nebel und Gischt getaucht ist. Weit draußen auf dem Meer sind Frachtschiffe zu erkennen, die vor Walvis Bay auf Reede liegen und aufs Löschen oder Beladen warten. Links von uns wechseln sich imposante Dünenberge, die fast bis an die Straße reichen, im Formen- und Farbenspiel ab. Wind, Gischt und Nebel haben jede einzelne Düne geprägt, keine ist wie die andere.

Entlang der Straße sind Schilder mit Zahlen aufgestellt, die die Strandabschnitte bezeichnen. Bruno erklärt uns, dass sich die Meilenangabe auf den Schildern auf die Entfernung von Swakopmund bezieht. So gilt zum Beispiel die Meile 72 als hervorragender Angelplatz. Die riesigen Fischfabriken von Walvis Bay kommen in Sicht. Sardinen und Sardellen werden hier in Öl oder Tomatensauce eingelegt und zu Konserven verarbeitet. Auch Fischmehl und Fischöl werden hier produziert. Walvis Bay erhielt seinen Namen von den vorbeiziehenden Walen, die früher hier in Mengen gefangen und verarbeitet wurden. Der Fischbestand vor der Küste Namibias wurde in den letzten Jahren durch Überfischung drastisch dezimiert. Heute beschränken strenge Vorschriften den Fang von Walen, Langusten und Tiefseefischen. Der kalte Benguelastrom, der die Küste Namibias passiert und das Wasser auch im Sommer selten über zwanzig Grad Celsius erwärmt, führt sehr viel Plankton mit sich und bietet dadurch riesigen Fischschwärmen Nahrung. Die Robben von Cape Cross, nördlich von Swakopmund, ernähren sich aus diesem Strom vorbeiziehender Fische.

Unser erstes Ziel ist das Kuiseb-Delta mit den Narafeldern. Die Narafrucht ist nach einem Stamm, den Topnaars, benannt und wächst hauptsächlich hier. Wir biegen von der Straße ab, fahren über eine Schotterpiste Richtung Kuiseb-Delta und halten nach den typischen Narabergen Ausschau. Die Pflanze überwuchert eine ganze Düne, hat keine Blätter, dafür aber Dornen an hell- und dunkelgrün gestreiften Zweigen. Die Büsche tragen das ganze Jahr über Früchte, die auch als das »Brot der Wüste« bezeichnet werden. Zur Reifezeit werden die hellgelb-grünlichen Früchte roh gegessen, die Samen, *botterpits* genannt, getrocknet und wie Sonnenblumenkerne verwendet. Zur Haltbarmachung wird das Fruchtfleisch gekocht, im Dünensand ausgegossen, getrocknet und wie ein Fladen aufgerollt und aufbewahrt.

In früheren Zeiten waren die Naraberge des Kuiseb-Deltas im Besitz einzelner Clans. Heute leben nur noch wenige Familien von der Nara-Ernte. Bruno stoppt den Landrover und zeigt uns einen imposanten Naraberg. Weit ausladend bedecken die Zweige die Düne. Grüne, stachelige Früchte von der Größe einer Melone hängen neben Blüten an den Ästen. Eine besonders reife und schöne Frucht, die vom Ast gefallen auf dem Sand liegt, öffnet er mit einem Messer. Weich und gelb liegt das Fruchtfleisch in der Schale und ein nach Vanille duftender Saft rinnt langsam aus der Frucht über seine Hand. Wir gehen weiter und entdecken eine *namib-tsamma*, eine Melone, die nur hier wächst, und Namib-Disteln, wilden Tabak, Bitterbusch, Tamarisken, Morgenstern und staunen über eine so vielfältige Vegetation in der Namib-Wüste.

Weiter geht es mit dem Landrover. Durch die üppige Vegetation des Kuiseb-Deltas mit teils mannshohen Akaziensträuchern kämpft sich der Wagen durch das sandige *rivier*. Souverän findet Bruno seinen Weg. Allmählich wird das Gebiet immer hügeliger und der Untergrund sandiger. Erdhörnchen jagen aufgeschreckt über die Dünen und bunte Vögel steigen auf. Mühevoll erklimmt der Wagen die Dünen. Bei der nächsten Düne passiert es: Der Landrover bleibt auf halber Strecke liegen und rollt langsam wieder zurück. Ein erneuter Anlauf bringt keinen Erfolg. Wir müssen alle aussteigen. Neugierig, was sich hinter der Düne verbirgt, erklimmen wir zu Fuß den höchsten Punkt. Unser Blick gleitet über die faszinierende, unwirklich scheinende Landschaft jenseits der Dünen. Weit am Horizont ist das Meer zu erkennen. Dazwischen liegt eine weite Ebene mit kleineren Sanderhebungen in grauschwarzen Farbschattierungen, hervorgerufen durch Flechten, die einzigartig in der Namib sind. Sie erstrecken sich so weit das Auge reicht. Dazwischen weiße Flächen: getrocknetes Salz, vom Wind tief ins Landesinnere getriebene Gischt. Die weite, unberührte und urweltliche Landschaft zieht uns in ihren Bann. Wie aus einer anderen Welt taucht der Landrover neben uns auf und wir steigen wieder zu Bruno ins Auto.

Weiter geht es Richtung Meer. Die Sonne flimmert auf dem heißen Sand. Vor uns ein See und am anderen Ufer sind Berge zu erkennen. Einen Augenblick stutzen wir. Kann das möglich sein? Bruno erklärt uns, dass es sich um eine Fata Morgana handelt. Die Ureinwohner nennen dieses Phänomen »das weglaufende Wasser«.

Das flache Delta haben wir verlassen und gelangen nun an die Küste. Die Dünen werden wieder höher und reichen bis ans Meer. Auf unserer Fahrt entlang der Küste Richtung Süden nach Sandwich Harbour begegnet uns kein Mensch. Ausladende Brandungswellen schlagen wuchtig an den Strand. Möwen mit ihrem weißgrauen Gefieder fliegen kreischend über das Wasser. Majestätisch säumen die Dünen die Küste und die Farben wechseln von hellgelb zu rötlichbraun. Ein Schild kommt in Sicht: Sandwich Harbour! Bruno drosselt die Fahrt und kommt vor dem Schild zum Stehen. Die vogelreiche Süßwasserlagune, aus der sich früher Walfänger und Piraten mit Süßwasser versorgten, ist nur zu Fuß zu erreichen. Wir sind seit dem frühen Morgen unterwegs und hocherfreut, als Bruno die Heckklappe des Landrovers öffnet und Stühle und Tisch herausnimmt. Die Stühle werden mit dem Rücken zu den Dünen aufgestellt und der Tisch mit einer blütenweißen Tischdecke versehen. Aus den Tiefen der Kühltaschen zaubert er einen Salat, eine noch lauwarme Lasagne, Brot, Butter, eine Leberpastete. Die Getränke sind eisgekühlt: Windhoek Lager Bier, ein trockener Weißwein aus der Kristall-Kellerei, der ersten Namibias in Omaruru, Wasser, Säfte – es fehlt an nichts. Völlig überwältigt sind wir, als Bruno zum krönenden Abschluss unseres Festmahls am Meer einen schwäbischen Apfelkuchen mit heißem Kaffee und für unsere englischen Mitreisenden Tee serviert. Vortrefflich gestärkt machen wir uns auf den Weg zur Lagune. Nach kurzer Zeit ignorieren wir die anfängliche Kälte des Atlantiks und waten barfuß über Muscheln, Seetang und Seeschwämme. Unterwegs erzählt uns Bruno die Geschichte von Sandwich Harbour. Das englische Ehepaar, begeisterte Vogelkundler, möchte möglichst viel über die hier lebenden Vogelarten wissen. Auch hierin erweist sich Bruno als Experte und führt uns nah an die von Schilf umsäumte Lagune heran. Er zeigt uns Nilgänse, Oranjeschmätzer, Namiblerchen, Kapstelzen; Vögel, die wir nie zuvor gesehen hatten. Pelikane erheben sich mit ihren mächtigen Schwingen in die Lüfte, einzelne rosafarbene Flamingos stehen am Ufer und warten auf Nahrung. Langsam müssen wir an die Heimfahrt denken.

Gegen Abend fahren wir zurück nach Swakopmund, vorbei an den weißen Salzbergen der Salzgewinnungsanlagen von Walvis Bay, den Seen mit den roséfarbenen Flamingos, die jetzt in der Abendsonne besonders schön aussehen, und der Guano-Plattform, die nur aus Vogelmist besteht. Den Tag lassen wir im Café »Out of Africa« bei *blueberry muffins* und einem Cappuccino ausklingen.

namib

bottervis à la hansa hotel
butterfisch mit grünem spargel, *hansa hotel,* **swakopmund**

namib

Der Butterfisch hat seinen Namen zu Recht: Er schmeckt zartschmelzend wie Butter, allerdings nur, wenn man ihn nicht zu lange gart. Er hat festes weißes Fleisch und wenig Gräten. Man bekommt ihn frisch oder tiefgefroren im Handel.

Fisch:
800 g Butterfisch, frisch filetiert

Saft einer Zitrone
Salz, Pfeffer
2 Eier
80 g Mehl
100 ml Olivenöl

Spargel:
800 g grüner Spargel
1 l Wasser
10 g Salz
50 g Butter

Schwenkkartoffeln:
1 kg Kartoffeln
3 l Wasser
10 g Salz
etwas Butter
Dill oder Petersilie
Kümmel

**Sauce Hollandaise
mit Zitrusaroma:**
2 Orangen
1 Zitrone
250 g Butter
4 Eigelb
100 ml Weißwein
Salz und Zucker

1 Den Fisch in 4 gleich große Stücke schneiden, mit Zitronensaft beträufeln und mit Salz und Pfeffer würzen. Mit Mehl bestäuben und durch die verquirlten Eier ziehen. In heißem Olivenöl in 10 Minuten von beiden Seiten goldbraun braten.

2 Spargelstangen am unteren Ende ca. 3 cm kürzen, nicht schälen. Das Wasser mit Salz und Butter zum Kochen bringen, den Spargel hineingeben und 10 Minuten ziehen lassen. Er sollte noch leicht bissfest sein.

3 Die Kartoffeln schälen, vierteln und im Salzwasser nicht zu weich kochen. Butter in der Pfanne erhitzen, Dill oder Petersilie, Kümmel und die Kartoffeln dazugeben und alles kurz in der Pfanne schwenken.

4 Die Orangen und Zitrone dick abschälen und die Früchte filetieren. Die Segmente von den Kernen befreien, den Schalenrest ausdrücken und den Saft auffangen. Die Butter zum Schmelzen bringen und bei 45 °C warm halten. Die Eigelbe mit dem Weißwein vermengen und über einem Wasserbad mit dem Schneebesen dick und sämig aufschlagen. Erst tröpfchenweise, dann löffelweise die warme Butter unter die Eimasse rühren. Zuletzt die Segmente und den Fruchtsaft vorsichtig untermischen und die Sauce mit Salz und Zucker abschmecken. Eventuell mit Cointreau verfeinern.

5 Den Fisch auf vorgewärmte Teller geben, mit dem grünen Spargel belegen, mit der Sauce Hollandaise nappieren und mit den Schwenkkartoffeln reichen.

Getränkeempfehlung: Sémillon oder Sauvignon blanc

namibiese potjie

wildgulasch mit kartoffeln und karotten

Ein *potjie*-Essen ist ein geselliges Essen. Eine Person übernimmt die Aufsicht über den *potjie* alle anderen sitzen oder stehen darum herum, unterhalten sich und trinken schon einmal ein Schlückchen, gemäß dem Motto: Ein Gläschen für den Koch – ein Gläschen in den Topf.

für 6 Portionen

2 kg Elandantilope
alternativ: Reh- oder Rindfleisch
200 g Mehl
60 ml Sonnenblumenöl
15 g Butter
1 Zwiebel
1 Knoblauchzehe
Salz, Pfeffer
250 ml Wasser
250 ml Rotwein
15 ml Tomaten-Chutney
3 EL Johannisbeergelee
1 Päckchen Pilzsuppe
100 ml süße Sahne
250 ml saure Sahne
2 Karotten
10 kleine Kartoffeln

1 Das Fleisch in mundgerechte Stücke schneiden, mit Mehl bestäuben, anschließend gut einarbeiten. Sonnenblumenöl und Butter im Dreibeintopf oder einem gusseisernen Topf erhitzen und das Fleisch darin von allen Seiten kräftig anbraten.

2 Die Zwiebel schälen und mit der Knoblauchzehe klein hacken und dazugeben. Mit Salz und Pfeffer würzen und mit dem Wasser und Rotwein ablöschen. Johannisbeergelee leicht verrühren, mit dem Tomaten-Chutney zugeben und alles gut miteinander vermischen. Zugedeckt 1 Stunde sachte köcheln lassen.

3 Die Karotten und Kartoffeln schälen. Die Karotten in Scheiben schneiden und die Kartoffeln halbieren. Beides auf der Oberfläche des Eintopfs verteilen, nicht unterrühren. Weitere 30 Minuten köcheln lassen.

4 Die Pilzsuppe in der Sahne auflösen und langsam über den Topfinhalt gießen. Weitere 20 Minuten sanft garen lassen. Dann die saure Sahne zugeben und ab und an vorsichtig mit einem Holzlöffel am Topfrand entlangfahren, damit nichts ansetzt, nicht umrühren.
Nach weiteren 10 Minuten sollte alles gar sein.

Getränkeempfehlung: Rotwein Ruby von der Kristallkellerei Omaruru, Namibia

blueberry muffins
heidelbeer-muffins aus dem swakopmunder café »out of africa«

Wie multikulturell die Einflüsse auf die namibische Küche sind, zeigt sich einmal mehr in den *blueberry muffins*, einer Hinterlassenschaft des britischen Empires.

250 g Weizenmehl
125 g Weizenvollkornmehl
15 g Backpulver
180 g Puderzucker
3 g Salz
1 Ei
125 ml Milch
100 g Butter
250 g Heidelbeeren

1 Beide Mehlsorten mit Backpulver, Puderzucker und Salz vermischen. Das Ei mit Milch und zerlassener Butter verquirlen. Das Mehlgemisch dazugeben und alles zu einem geschmeidigen Teig verarbeiten. Die Heidelbeeren unterheben.

2 Den Backofen auf 220 °C vorheizen. Muffinförmchen ausfetten und mit dem Teig füllen. Bei 220 °C ca. 12–15 Minuten backen. Möglichst warm servieren.

Getränkeempfehlung: Cappuccino, Cream- oder Rooibos-Tee

charissa's birthday cake
bananen-karotten-torte

Die namibische Version unserer »Rüebli-Torte«: Charissa überzieht ihren Geburtstagskuchen mit einer Quarkcreme.

375 g Weizenmehl
10 g Backpulver
10 g Zimt
250 g Zucker
250 ml Sonnenblumenöl
3 Eier
250 g Bananenpüree
250 g geriebene Karotten
125 g geraspelte Pekannüsse

Überzug:
250 g Butter
250 g Quark
140 g Puderzucker
1 Päckchen Vanillezucker
100 g Pekannüsse

1 Weizenmehl, Backpulver und Zimt vermischen. Den Zucker mit dem Sonnenblumenöl und den Eiern so lange schlagen, bis sich eine feste Masse bildet.

2 Eine Backform mit einem Durchmesser von 28 cm einfetten und den Backofen auf 180 °C vorheizen.

3 Bananenpüree, die geriebenen Karotten und die geraspelten Nüsse mit dem Zucker-Ei-Gemisch gut vermengen. Dann die Mehlmischung mit einem Löffel vorsichtig darunterheben. Teig in die Form füllen, bei 180 °C ca. 45 Minuten backen.

4 Den Kuchen in der Backform abkühlen lassen. Butter und Quark zu einer Creme verrühren, Puder- und Vanillezucker unterheben. Den Kuchen mit der Creme überziehen und mit den Pekannüssen dekorieren.

Getränkeempfehlung: frische Milch, Cappuccino oder Sekt, z.B. von J.C. le Roux

mevrou ria von seydlitz

»Hey, outjie, wie gehts?« Die herzliche, landestypische Begrüßung gilt unserem Fahrer, der uns von Windhoek hierher auf den »Immenhof« gebracht hat und auch für uns ein *outjie*, ein netter Kerl geworden ist. Während er aus dem Wagen klettert, antwortet er unserer Gastgeberin mit einem »Nee, lekker, man«, was heißen soll: Mir geht es gut! Und *lekker* wird noch vieles Andere im Laufe unseres Aufenthaltes! Der muntere, zwanglose Umgangston und das ungewohnte Wortgeplänkel gefallen uns. Während wir aussteigen, empfängt uns Ria mit einem offenen, warmherzigen Lächeln und heißt uns willkommen. Geschäftige Betriebsamkeit entsteht um uns herum: Helfer, die das Gepäck abladen und zum Haus bringen, Hunde schnuppern hier, schnuppern da, laufen zwischen den Neuankömmlingen hin und her und folgen Ria, die uns Haus, Hof und Garten zeigt.

Nach der Besichtigung lädt eine Sitzgruppe unter schattenspendenden Akazienbäumen zum Entspannen ein. Die Farmküche liefert dazu Kuchen, Kaffee, Zitronen- und Kaktusfeigensaft. Wir sind angekommen! Die Mühen der Anreise sind schnell vergessen und unser Blick schweift über den Rasen, die dahinterliegende Kakteengruppe, in das angrenzende *trockenrivier* – so werden in Namibia Trockenflüsse genannt, die nur nach starken Regenfällen Wasser führen. Wir werden von der atemberaubend schönen Landschaft, die das Farmhaus umgibt, gefangen genommen ...

Bei einem »Rock Shandy« – einem Cocktail aus Limonade, Soda und einem Dash Angostura – hört Ria interessiert den Reiseerlebnissen ihrer Gäste zu, gibt Tipps für die Weiterfahrt und steht bereitwillig für jede Auskunft zur Verfügung. Sie erkundigt sich nach speziellen Essenswünschen und geplanten Unternehmungen. Stolz schildert sie uns die Sehenswürdigkeiten der Farm. Wir werden neugierig und beschließen, gleich am nächsten Tag die »singenden Steine«, die Felsmalereien aus längst vergangener Zeit, die Rosenquarze und Amethyste zu besuchen. Gespannt lauschen wir weiter Rias Ausführungen über Warzenschweine, Kudus, Dik-Diks, Perlhühner, Riesentrappen und Oryx-Antilopen, denen wir auf solch einer Erkundungsfahrt im offenen Pirschwagen begegnen können. Wir begreifen, dass wir wirklich in Afrika sind.

Nach ein paar Tagen haben wir Ria als geniale Organisatorin kennengelernt. Selbst ausgefallene Wünsche der Gäste werden als Herausforderung angenommen und mit dem in Namibia allseits beliebten Spruch quittiert: »Wir machen einen Plan!« Das soll heißen: Wir denken darüber nach und finden eine Lösung. »Einen Plan machen« ist für die in Johannesburg aufgewachsene ehemalige Lehrerin zu einem Leitsatz geworden und dass sie meistens gute Lösungen gefunden hat, beweist ihr bisheriges Leben. Bis zu ihrer Heirat an ein pulsierendes Großstadtleben gewöhnt, führt sie nunmehr seit über 20 Jahren mit ihrem Mann Friedhelm von Seydlitz den »Immenhof«, eine Farm, die eine Autostunde von Omaruru entfernt liegt. Mit Tatkraft und Zielstrebigkeit überwand sie mit ihrer Familie auch existenzbedrohende Hindernisse. Nach langen Dürreperioden, einer »planvollen Zeit«, wie Ria sagen würde, gelang dem Ehepaar die Umstellung von der Vieh- zur heutigen Jagd- und Gästefarm. Aus dem Farmer Friedhelm von Seydlitz wurde der Berufsjäger und Pilot, von seinen Gästen und Freunden Freddy genannt. Wie sehr er sein Land liebt, erfahren wir aus seinen bildhaften, fesselnden und mit Anekdoten gespickten Erzählungen von Jagderlebnissen und Flügen, die er von hier aus mit seinen Gästen unternimmt. Mit dem Flugzeug kann er Ziele jenseits der üblichen Touristenpfade erreichen. Ein Flug entlang der Skelettküste, wenn unten der Seenebel die verrotteten Wracks umwabert, vermittelt einen schaurig-schönen Eindruck von der unwirtlichen Küste und den verhängnisvollen Schicksalen vieler Seeleute, die hier strandeten. Und durch seine Kenntnisse der verschiedenen einheimischen Sprachen und Dialekte bekommen wir schnell offenen und herzlichen Kontakt zur Bevölkerung.

Wenn ihr Mann mit Gästen auf Safari ist, trägt Ria allein die Verantwortung für den gesamten Farmbetrieb. Diese Anforderungen sind vielfältig und uns

mevrou ria von seydlitz

überrascht es, mit welcher scheinbaren Leichtigkeit alles eingeteilt ist und reibungslos abläuft: Tiere sind zu versorgen, angebautes Gemüse und Obst zu bewässern und die Gäste zu betreuen. Für sie hat Ria Touren zu organisieren, Routen vorzuschlagen und wenn nötig begleitet und führt sie auch. Einkäufe müssen wohlüberlegt geplant werden. Weit im Voraus müssen je nach Gästezahl der Menüplan erstellt, die Grundnahrungsmittel kontrolliert und die Vorräte im Farmstore, in dem die schwarzen Mitarbeiter einkaufen können, inspiziert werden. Auch Sonderwünsche werden berücksichtigt. Einfallsreichtum und Kombinationsfreude sind gefordert. Immer wieder muss umgeplant und umgedacht werden. Wenn Freddy mit Jagdgästen heimkehrt und etwas erlegt hat, muss das Fleisch möglichst rasch verarbeitet werden. Besonders schöne Stücke werden ins Abend-Menü übernommen, einiges wird eingefroren, der Rest an die Mitarbeiter verteilt. Lachend erzählt uns Ria von dem Augenblick, als Friedhelm stolz die erste Kudukeule auf den Küchentisch legte und sie voller Entsetzen gerufen hat: »Igitt, wie sieht das denn aus! Verschenke es und lass uns unser Fleisch lieber im Supermarkt zugeschnitten und portioniert kaufen.« Heute hat sie gelernt, aus allen nur denkbaren Fleischstücken die köstlichsten und raffiniertesten Speisen zu zaubern.

Neben allen Pflichten unterrichtet Ria ihre eigenen Mitarbeiterinnen und auch die von nahegelegenen Farmen in Kochen, Haushaltsführung, in Nahrungsmittelkunde und im Anlegen und Bewirtschaften eines Gemüsegartens. Beim Anbau von Obst und Gemüse musste auch sie erst ihre eigenen, durchaus mühsamen Erfahrungen sammeln. Es wächst nicht alles in Namibia; manche Pflanze braucht einfach zu viel Wasser, andere vertrocknen zu schnell in der gleißenden Sonne und manches kann nur zu bestimmten Jahreszeiten gepflanzt werden. Alles will gelernt, ausprobiert und erfahren sein. Eins ist gewiss: Es bedeutet harte Arbeit und viel Geduld, dem namibischen Farmboden etwas abzuringen. Ria hat in den vergangenen Jahren viel Lehrgeld gezahlt, ist heute aber zufrieden mit den Erfolgen, die sich jetzt langsam einstellen. Ihren Mitarbeiterinnen hat sie ihre Freude am Kochen und Experimentieren vermittelt, sodass diese ihr heute eine große Hilfe beim Bewirten der Farmgäste sind. Im Laufe der Zeit hat Ria sich durch ihre fürsorgliche, hilfsbereite und einfühlsame Art Respekt und Vertrauen der Schwarzen erworben, die sie liebevoll *mevrou* nennen.

Wenn Ria abends mit ihren Gästen an dem mit afrikanischen Accessoires gedeckten Tisch sitzt, ist von den Anforderungen des oft harten Arbeitstages nichts mehr zu spüren. Wilhelmine, die kleine, schlanke und immer gut gelaunte Köchin, trägt die köstlich duftenden Speisen auf, die aus verschiedenen Fleischsorten, Gemüsegerichten, handgeschabten Spätzle und Salat bestehen. Dazu wird ein vorzüglicher südafrikanischer Wein serviert. Es ist unmöglich, diese Küche nicht zu loben, so wie wir es an jenem Abend taten, als uns Ria erzählte, wie sie vor vielen Jahren mit den burischen Kochbüchern ihrer Großmutter auf dem Immenhof ankam. Hier fand sie die traditionellen deutschen Rezepte von Friedhelms Vorfahren. Dank ihrer Leidenschaft fürs Kochen, ihrer Neugier, dem ungezwungenen Umgang mit Lebensmitteln, ihrer Flexibilität und ihrer Liebe zu gutem Essen entwickelte sie einen eigenen Stil. Auf vielen internationalen Reisen hat sie Gerichte kennen- und lieben gelernt, die sie zu Hause mit den einheimischen Produkten zu neuen Gaumenfreuden verbindet. Auf diese Weise entstand aus ihrer Leidenschaft für Nudelgerichte eine Lasagne mit Kudufleisch und ein Chili con Carne mit Oryx-Antilope, nicht zu vergessen die Hommage an Friedhelms deutsche Herkunft: Kuduschnitzel mit Rotkohl, Spätzle und viel Sauce. Zwei südafrikanische Frauenzeitschriften brachten Artikel über ihre Kochkünste. 1988 wurde die Hoteliersvereinigung HAN in Namibia gegründet und Ria war Gründungs- und Vorstandsmitglied, Schatzmeisterin und Sekretärin. Ihre bisher größte Anerkennung erhielt sie 1998 mit der Auszeichnung »Personality of the Year«.

bobotie
hackfleisch-auflauf mit trockenfrüchten

Bobotie – ein berühmtes süd- und westafrikanisches Gericht – variiert nur in den Beigaben von Trockenfrüchten.

1 Scheibe Weißbrot
250 ml Milch
1 Zwiebel
25 ml Öl
3–4 EL Zitronensaft
10 g Currypulver
5 g Zucker
5 g Salz
5 g Pfeffer
800 g Gehacktes aus Wildfleisch wie z.B. Oryx-Antilope und Kudu alternativ: Rind und Schwein oder Hirsch und Schwein
2 Eier
2 TL Chutney
Speiseöl
Trockenfrüchte nach Wahl, z.B. Rosinen, Aprikosen, Datteln oder Feigen
3 frische Limettenblätter

1 Das Weißbrot in Milch einweichen. Die fein geschnittene Zwiebel in Öl anbraten, bis sie zartbraun ist. Zitronensaft, Currypulver, Zucker, Salz und Pfeffer miteinander vermischen und zu der Zwiebel geben.

2 Den Backofen auf 180 °C vorheizen und eine ofenfeste Form einfetten. Das Brot gut ausdrücken, Milch aufbewahren und zur Seite stellen. Das Brot mit dem Zwiebelgemisch, dem Gehackten, einem Ei, dem Chutney und etwas Milch (100 ml Milch sollten übrig bleiben) gut vermischen und in einer Pfanne mit etwas Öl leicht anbraten.

3 Das zweite Ei mit der verbliebenen Milch verrühren. Das Fleischgemisch in die Backform füllen, die Eimischung darübergießen, evtl. mit Rosinen oder anderen Trockenfrüchten belegen, mit den Limettenblättern verzieren und für 30 Minuten in den Backofen schieben.

Getränkeempfehlung: erfrischend voller, runder Gewürztraminer

geelrys met rosyntjies
gelber reis mit rosinen

Eine köstliche und traditionelle Beilage zu *bobotie*. Das Currypulver wurde von indischen Arbeitern via Südafrika nach Namibia importiert.

2 Tassen Langkornreis
3 1/2 Tassen Wasser
Salz
5 g Currypulver
3 EL Rosinen

1 Den Reis mit Wasser und einer Prise Salz zum Kochen bringen und anschließend auf kleinster Flamme ausquellen lassen.

2 Die Rosinen mit heißem Wasser überbrühen und abtropfen lassen. Das Currypulver und die Rosinen unter den fertigen Reis mischen und servieren.

gordan blue à la africa
steaks, mit cheddar gefüllt

mevrou ria

Cordon bleu – die klassische Zubereitung sieht Kalbsschnitzel, gefüllt mit gekochtem Schinken und einer Scheibe Emmentaler Käse vor. Nachfolgend die gelungene Verbindung afrikanischer und britischer Geschmackskomponenten.

4 Kudu- oder Hirschsteaks
4 Scheiben Cheddar
2 Eier
Weizenmehl
Semmelbrösel
Salz, Pfeffer
Sonnenblumen- oder Erdnussöl

1 Die Steaks mit einem scharfen Messer der Länge nach einschneiden, sodass eine Tasche entsteht. In diese eine Scheibe Cheddar geben, mit einem Zahnstocher verschließen, das Fleisch mit Salz und Pfeffer würzen.

2 Die Eier verquirlen, auf einen Teller geben. Das Weizenmehl und die Semmelbrösel ebenfalls auf Teller verteilen. Nacheinander die Steaks zunächst im Mehl, dann in den Eiern und zum Schluss in den Semmelbröseln wälzen, gut andrücken und für 30 Minuten abgedeckt im Kühlschrank ruhen lassen.

3 Das Öl in einer Pfanne erhitzen und das Fleisch von beiden Seiten in ca. 3 Minuten goldbraun braten. Dazu als ganz und gar »unafrikanische« Beilage: Rotkohl und Spätzle servieren.

Getränkeempfehlung: Merlot, klassischer Charakter, von einladendem tiefdunklem Rot

immenhof farmbread
landbrot mit sonnenblumenkernen und sesam

Bäcker gibt es in Namibia nur in den Städten. Deshalb hat jede Farm ein eigenes traditionelles Rezept für ihr Landbrot. Da Messbecher in alter Zeit fehlten, sind die Mengenangaben in *koppies* (Tassen) überliefert.

1 Tasse Weizenmehl (Type 405)
2 Tassen Weizenvollkornmehl (Type 1050)
1 TL Salz
3 TL Sonnenblumenkerne
1 EL Sesamsamen
3 TL Trockenhefe
2 Tassen lauwarmes Wasser
1 EL Sirup (Melasse) oder Honig
1 EL Sonnenblumenöl
Sesam zum Bestreuen

1 Das Mehl mit Salz, den Sonnenblumenkernen, dem Sesamsamen und der Hefe vermischen. Das lauwarme Wasser mit dem Sirup vermengen und langsam zur Mehlmischung geben. Den Teig 10 Minuten unter Hinzufügen des Öls kneten.

2 Eine Brotform gut ausbuttern und den Teig hineinfüllen. An einem warmen Ort mit einem Tuch bedeckt 50 Minuten gehen lassen.

3 Das aufgegangene Brot mit Sesam bestreuen.

4 Den Backofen auf 200 °C einstellen und das Brot bei dieser Temperatur 30 Minuten backen. Danach auf 180 °C reduzieren und das Brot noch weitere 30–40 Minuten backen. Anschließend auf einem Kuchengitter auskühlen lassen.

Tipps: 1 *koppie* (Tasse) entspricht 250 g. Eine Tasse Wasser mit in den Backofen stellen, das macht das Brot saftiger. Der Teig eignet sich auch für Brötchen: Die Menge ergibt je nach Größe ca. 20 Brötchen.

melktert
milchtorte, mit zimt und zucker bestreut

Milchtorte ist seit alters her ein heiß geliebter und gern gegessener Kuchen in Namibia.

Teig:
275 g Mehl
2 TL Backpulver
60 g weiche Butter
40 g Puderzucker
3 Eier
10 ml Vanilleessenz

Füllung:
400 g gesüßte Kondensmilch
1,2 l Milch
30 g Zucker
30 g Butter
30 g Speisestärke
30 g Mehl
3 Eier, getrennt
400 ml kaltes Wasser

zum Bestreuen:
Zimt und Zucker

1 Aus Mehl, Backpulver, Butter, Puderzucker, Eiern und Vanilleessenz einen Rührteig herstellen. Eine Backform ausfetten und den Teig hineinfüllen.

2 Kondensmilch, 800 ml Milch, Zucker und Butter in einem Topf unter Rühren zum Kochen bringen und den Topf auf die Seite stellen. Speisestärke, Mehl und Eigelb mit der restlichen kalten Milch verrühren und darauf achten, dass sich keine Klumpen bilden. Dieses Gemisch in die Milchmischung geben, erneut erhitzen und so lange rühren, bis diese zu kochen beginnt, dann abkühlen lassen.

3 Den Backofen auf 180 °C vorheizen. Das Eiweiß zu steifem Schnee schlagen und vorsichtig unter die Milchmischung heben. Alles in die Kuchenform füllen und 50–60 Minuten backen. Die Oberfläche des Kuchens sollte schön braun sein.

4 Den Kuchen sehr kalt stellen und vor dem Servieren großzügig mit Zimt und Zucker bestreuen.

Getränkeempfehlung: Cappuccino oder gekühlter Kaffee und wenn es ein besonderer Anlass ist: ein eisgekühlter weißer Riesling wie z.B. »Noble Late Harvest« oder ein südafrikanischer Sekt, z.B. von J.C. le Roux »l'averó«

fudge wilhelmine

leckere karamellen

mevrou ria

In Afrika sind die Temperaturen oft sehr hoch und manche Tafel Schokolade ist schon unterwegs geschmolzen. Karamellen sind eine süße Alternative. Wilhemine, die stets fröhliche Köchin auf der Farm »Immenhof« ist eine Expertin in der Zubereitung der süßen »Plombenzieher«.

ergibt ca. 50 Stück

340 ml Milch
900 g Puderzucker
120 g Butter
2 Dosen (= ca. 800 g gesüßte Kondensmilch, evtl. mit Espresso, Kaffee oder Zitronenaroma veredelt (die in Namibia angebotenen Kondensmilch-Dosen enthalten 397 g)

1 Milch, Puderzucker, Butter und Kondensmilch in einen dickwandigen Topf geben, alles gut miteinander vermischen und unter ständigem Rühren auf kleiner Flamme zum Kochen bringen.

2 Die Mischung 40–50 Minuten auf kleiner Flamme weiter kochen lassen, geduldig weiterrühren. Der Fudge ist fertig, wenn ein Tropfen Wasser, den man darauffallen lässt, abperlt und der Fudge eine goldbraune Farbe angenommen hat.

3 Eine rechteckige Form ausfetten und den Fudge hineinfüllen. 15 Minuten abkühlen lassen und dann mit einem spitzen Messer den Fudge in der Form in Stücke schneiden. Danach ganz abkühlen und erhärten lassen.

Tipps: Zur Abwechslung einmal gehackte Erdnuss- oder Cashew-Kerne in die noch nicht erstarrte Masse geben und gut vermischen. Wer die Karamellen nicht so süß liebt, kann einen Teil des Puderzuckers durch bitteres Kakaopulver ersetzen.

vrugte ter

saftiger früchtekuchen

mevrou ria

An einem heißen Nachmittag unter einem schattigen Baum serviert, da schmeckt dieser Kuchen besonders gut. Der Sahne-Kokosflocken-Guss macht ihn noch saftiger.

250 g Mehl
200 g Zucker
1 Prise Salz
2 Eier
1 Dose Fruchtcocktail (310 g)
oder frische Früchte nach Saison:
Weintrauben, Maulbeeren, Kaktusfeigen, Guaven, auch
Äpfel und Melonen

Guss:
150 g Zucker
125 g Kokosflocken
40 g Butter
125 g süße Sahne (Rahm)

1 Mehl, Zucker, die Prise Salz und Eier zu einer Teigmasse rühren. Den Fruchtcocktail abtropfen lassen und nur die Früchte unter den Teig geben. Eine runde Backform ausfetten, den Teig hineinfüllen und in einem vorgeheizten Backofen bei 180 °C etwa 40 Minuten backen.

2 Währenddessen den Zucker, Kokosflocken, Butter und Sahne in einem Topf langsam erhitzen, bis Zucker und Butter geschmolzen sind.

3 Den Kuchen aus dem Ofen nehmen und sofort mit dem Guss überziehen. Nach Belieben heiß oder kalt servieren.

Tipp: Der Früchtekuchen schmeckt auch zum Nachtisch, zur Abrundung eines feinen Menüs.

Getränkeempfehlung: Kaffee, Rooibos-Tee, Fruchtsäfte

ria's vetkoekies
ausgebackene küchlein

Vetkoekies sind eine beliebte Köstlichkeit in Namibia. Sie werden süß oder salzig gleichermaßen geschätzt. Hier gibt es keinen Bäcker »mal eben um die Ecke«. Wenn die Brotvorräte zu Ende sind, werden zur Überbrückung schnell vetkoekies gebacken.

500 ml Buttermilch
20 g Hefe
10 g Salz
20 g Zucker
30 g Butter
1 kg Mehl

zum Ausbacken
ca. 1 l Sonnenblumenöl

1 Die Buttermilch erhitzen und nacheinander Hefe, Salz, Zucker und Butter hineingeben. Die Masse verrühren und ein paar Minuten ruhen lassen.

2 Das Mehl zugeben und alles zu einem Knetteig verarbeiten. Zugedeckt 10 Minuten an einem warmen Ort gehen lassen.

3 Das Öl in einer dickwandigen Pfanne erhitzen, es sollte aber nicht rauchen, und den Teig in esslöffelgroßen Portionen hineingeben. Die vetkoekies sollen im Öl schwimmen. Auf beiden Seiten unter Wenden 5 Minuten goldbraun backen. Mit einem Schaumlöffel herausheben und auf Küchenpapier abtropfen lassen.

Tipps: Wahlweise kann der Teig mit Kräutern gewürzt werden, auch kleine Würstchen oder Käse sind eine leckere Füllung. Man kann auch die fertigen koekies heiß in einem Zucker-Zimt-Gemisch wälzen und anschließend mit Marmelade oder Kompott essen.

braaivleis

Das Wörterbuch Afrikaans-Deutsch beschreibt den Begriff *braaivleis* als ein traditionelles namibisches Grillfest und wie wir aus Berichten erfahren hatten, soll es sich dabei um eine Art Lieblingsbeschäftigung der Namibier handeln. Da möchten wir natürlich gerne mit dabei sein – und wir haben Glück: Heute ist Vollmond! Das verspricht eine besonders helle, sternenklare Nacht, bestens geeignet für ein braaivleis!

Den ganzen Tag über laufen Vorbereitungen für das Fest. Nicht nur Hausgäste sind geladen, sondern auch die Nachbarn haben mit ihren Gästen zugesagt. Da die Farmen sehr weit auseinander liegen, ist ein braaivleis immer ein willkommener Anlass, einen Abend mit alten und neuen Bekannten, Freunden und auch Fremden zu verbringen.

Kissen, Decken, Fackeln, Geschirr und unzählige Kühltaschen mit Getränken werden in die Geländewagen verstaut und zum Sundowner-Platz gebracht. Dort befindet sich in die Felsen geschmiegt ein riesiger gemauerter Grill. Im Laufe der Jahre entstand an diesem malerischen Ort außerdem ein Essplatz mit Tischen und Bänken aus Stein.

In der Farmküche herrscht Hochbetrieb: Frieda backt Brote, Wilhelmine putzt das Gemüse für den *groente pot*, das sie später in einen großen gusseisernen Topf schichten wird. Ria bereitet ihren speziellen *mieliepap* zu, indem sie dem traditionellen mieliepap Maiskörner und Mais in Zuckersirup zufügt. Jagdgäste haben gestern zwei Kudus erlegt. Andreas, ein Metzger aus Deutschland, der Urlaub auf der Farm macht, hat sich angeboten, das Fleisch zu verarbeiten. Momentan schneidet er es in kleine Stücke für den Fleischwolf, um daraus dann eine *boerewors* herzustellen. Diese afrikanische Antwort auf die deutsche Bratwurst darf bei keinem Grillfest fehlen. Josef zerteilt den Lammrücken in Koteletts und macht die Rippchen grillfertig. Ruben verarbeitet das Kudufleisch zu Steaks und zu kleineren Stücken, schiebt sie abwechselnd mit Zwiebeln auf Spieße, *sosaties*, und ordnet danach alles in großen Behältern appetitlich an. Maria trägt die fertigen Speisen in einen Anbau aus Ziegeln, dem Kühler, der täglich mit Wasser besprengt wird und nach dem Prinzip der Verdunstungskälte funktioniert und seit der frühesten Siedlerzeit auf keiner Farm fehlt. Voller Vorfreude auf den Abend sind alle mit Eifer bei der Sache, lachen, singen, necken sich und überlegen, ob die Speisen für alle reichen werden. So vergeht der Tag.

Am frühen Abend treffen die Gäste ein: fein gemacht und in freudiger Erwartung auf einen unterhaltsamen und geselligen braaivleis. Die Gäste der Nachbarfarmer werden vorgestellt. Darunter sind drei Jäger aus Deutschland, die spontan von ihren Jagderlebnissen berichten. Ein portugiesisches Pärchen ist, aus der Etosha-Pfanne kommend, auf dem Weg zurück nach Windhoek. Noch voller frischer Eindrücke erzählen die beiden, wie sie im Camper neben einer Löwenfamilie an einem Wasserloch übernachtet haben, die ganze Nacht über das Knurren der Tiere hören und den animalischen Wildgeruch der Raubkatzen riechen konnten. Kurz bevor wir alle in die Geländewagen steigen, um zum Grillplatz zu fahren, kehren endlich Petra und Christine von ihrem Reitausflug zurück. Sie haben so viele wilde Tiere gesehen, dass sie darüber die Zeit völlig vergessen haben. Vom Pferderücken aus konnten sie näher an die Tiere herankommen als mit dem Pirschwagen. Das Gefühl von grenzenloser Freiheit und Pioniergeist, sich zu fühlen wie die ersten Farmer, die über ihr Land ritten, war für sie eine ganz neue abenteuerliche Erfahrung.

Familie, Gäste und Helfer sind vollzählig und die Fahrt kann losgehen. Die Geländewagen fahren hintereinander durch die weite Dornbuschsavanne. Perlhühner laufen vor den Wagen her, Dik-Diks springen aufgeschreckt ins Gebüsch und zwei Riesentrappen laufen erst los, um sich dann schwerfällig in die Luft zu schwingen.

Wilhelm hat schon lange vor unserer Ankunft das Feuer unter dem Stapel dicker Äste und mannshoher Stämme entfacht. Hell lodern die riesigen Flammen, beim Näherkommen hören wir das Knistern des knor-

braaivleis

rigen trockenen Kameldornholzes, riechen den würzigen Geruch und ahnen etwas von der alten Tradition, den Gast mit einem Feuer willkommen zu heißen. Um den Grillplatz sind Fackeln aufgestellt, riesige Roste stehen für das Fleisch bereit, Tischdecken mit braunschwarzem Leopardenmuster bedecken die Steinplatten und Kissen auf den Steinbänken laden zum Sitzen ein. Während das Feuer herunterbrennt und die Wagen ausgeladen werden, steigen wir auf das Ausblicksplateau, den Sundowner-Platz. Hier bietet sich uns ein überwältigender Rundblick. Glutrot steht die Sonne am Horizont. Ihr Licht spiegelt sich in unseren Gesichtern. Aus den Kühltaschen werden die ersten Getränke gereicht. Wir setzen uns auf die von der Hitze des Tages erwärmten Felsen und das Farbenspiel der untergehenden Sonne nimmt uns gefangen. Langsam lösen wir uns und kehren zum Grillplatz zurück.

Das riesige Feuer ist in der Zwischenzeit ganz heruntergebrannt und Wilhelm schaufelt die heiße Asche auf den gemauerten Grill. Josef trägt die Fleischwannen herbei, spannt Lammkoteletts, Rippchen, Steaks, Fleischspieße und die *boerewors* in die großen doppelten Grillroste und hängt sie über die Glut. Später kann er sie mit den Fleischstücken darin umdrehen und muss nicht jedes Teil einzeln wenden. Frieda stellt die gusseisernen Töpfe mit *groente pot* und *mieliepap* in die verbliebene Asche des Feuers. Wilhelmine trägt die großen Schalen mit bunten Salaten und das Brot in schönen geflochtenen Körben zu dem als Büfett dienenden Steintisch.

Die Fackeln rings um den Essplatz hat Ruben entzündet. Zusammen mit den durchlöcherten und mit Kerzenwachs gefüllten Blechdosen, die überall in dem Felsen hinter dem Büfett stehen, leuchten sie unseren Grillplatz aus. Dahinter herrscht tiefe Dunkelheit. Jeder nimmt sich von den mitgebrachten Getränken. Der Duft des Fleisches steigt uns in die Nasen, kitzelt unsere Geschmacksnerven und steigert unsere Vorfreude auf die bevorstehenden Köstlichkeiten. Anekdoten und Geschichten werden erzählt und wir lauschen den Jagderlebnissen und Erfahrungen von Philip, einem Jäger aus Deutschland.

Eine besonders interessante Geschichte möchte ich hier erzählen: Nach einem erfolgreichen Jagdtag unter der Führung eines kleinen, hageren Buschmannes aßen sie zusammen zu Abend. Philip waren tagsüber die tiefen Bauchfalten des Buschmannes aufgefallen. Jetzt ließ es sich dieser schmecken, dankte, erhob sich und verließ ohne die geringste Falte am Bauch den Tisch. Philip erfuhr, dass den Buschleuten schon immer der Bauch als Vorratskammer diente.

Inzwischen ist das Grillgut gar und der groente pot und mieliepap sind aus der Asche geholt. Unter dem sternenklar leuchtenden Himmel, der sich wie eine Haube über uns spannt, genießen wir unser Essen. Immer wieder zeigt jemand zum Himmel und erklärt die einzelnen Sternbilder, die Milchstraße, den großen Wagen und die verschiedenen Tierkreiszeichen. Der Mond geht am Horizont auf und ohne dass wir uns abgesprochen haben, stimmen alle in das alte deutsche Volkslied »Der Mond ist aufgegangen« ein. Wir kennen nicht alle Strophen, aber mitsummen ist auch erlaubt. Einmal mit dem Singen begonnen, folgt Lied auf Lied und so erklingt auch das alte Südwesterlied:

»Hart wie Kameldornholz ist unser Land
und trocken sind seine Riviere.
Die Klippen, sie sind von der Sonne verbrannt
und scheu sind im Busche die Tiere.«

Der Refrain ist rasch erlernt:

»Und sollte man uns fragen:
Was hält euch denn hier fest?
Wir könnten nur sagen:
Wir lieben Südwest.«

Bis in die Nacht wird gegessen, getrunken, viel erzählt und irgendwann können wir nicht mehr unterscheiden, welche der vielen Geschichten wahr und welche ein *lekker vernöken* ist, was Namibier zuweilen gerne tun.

braaivleis

gemüseeintopf quer durch den garten **groente po**

Die Auswahl an heimischem Gemüse ist nicht seh
groß. Hier sind Fantasie und Improvisationstaler
gefragt. Probieren Sie einmal die Kombination v
Salatgurken- und Melonenstückchen anstatt Blumenkohl.

für 6 Portionen

4 Kartoffeln
3 Süßkartoffeln
4 Karotten
1 mittelgroßer Kürbis, sollte etwa 600 g Kürbisfleisch ergeben oder bevorzugt 3 Rondini à 300 g, vorbereitet ca. 600 g Fruchtfleisch
1 Blumenkohl
1 Blattkohl (Wirsing, Spitzkohl)
1 Päckchen Zwiebelsuppe
150 g Butter

1 Kartoffeln und Karotten schälen und in Scheiben schneiden. Den Kürbis schälen, halbieren, entkernen und in mundgerechte Stücke schneiden. Alternativ Rondini halbieren, Kerne mit einem Löffel ausschaben; Gemüsefrüchte abschälen und in Stücke schneiden. Den Blumenkohl in Röschen zerlegen und den Kohl in Blätter teilen.

2 Die Zwiebelsuppe nach Anweisung auf der Packung zubereiten. Einen Topf ausfetten und das Gemüse wie folgt einschichten: zuerst Kartoffeln, darauf Butterflöckchen, mit Zwiebelsuppe benetzen. Anschließend das restliche Gemüse abwechselnd mit Butter und Zwiebelsuppe in den Topf geben und zuletzt mit den Kohlblättern abdecken. Das Gemüse für eine Stunde auf dem Herd langsam im eigenen Saft garen – ohne den Deckel zu heben.

Tipp: Rondini, eine beliebte südafrikanische kletternde Kürbisart, die wie ein grüner runder Zucchino aussieht, ist in der europäischen Sorte (Rondes de Nice) auch bei uns erhältlich. Die Gemüsefrüchte müssen unreif geerntet werden, überreif sind sie trocken und faserig.

Getränkeempfehlung: Rosé, Blanc de Noir, frisch, fruchtig

mieliepap immenho
maismehlbrei mit biss

braaivleis

Mieliepap ist das meistgegessene Gericht in Namibia. Hier ist eine Variante, die Ria gern zu *braaivleis* anbietet und die für 12 Personen berechnet ist. Traditionell besteht mieliepap aus Hirse- oder Maismehl, das entweder mit Wasser oder Milch zu einem steifen *pap* gekocht wird.

4 Eier
80 g Zucker
175 g Butter
320 g Polentamehl
oder Maisgrieß
1/2 TL Salz
25 g Backpulver
5 Dosen Maiskörner à 425 g
500 ml Sahne

1 Die Eier mit Zucker und Butter schaumig schlagen. Nacheinander Polentamehl, Salz und Backpulver hinzufügen.

2 Die Maiskörner gründlich abtropfen lassen. Eine feuerfeste Form gut ausfetten. Den Backofen auf 180 °C vorheizen.

3 Die Maiskörner und die Sahne unter den Polentateig mischen und in die Backform füllen. Den Polentakuchen 60 Minuten bei 180 °C goldbraun backen. In der Form servieren.

Tipps: Mieliepap wird gerne zu Fleisch vom Grill serviert. Probieren Sie den Brei einmal zu gebratenem Geflügel oder Leber.
In Europa bekommt man Hirse (ganz) in sehr guter Qualität zu kaufen. Die Hirse muss nur heiß überbrüht werden und ist dann verwendungsfähig. Ganze Hirse gibt dem Gericht mehr Biss. Die Backzeit dann auf 30 Minuten reduzieren.

boerewors
bratwurst nach art der siedler

Boerewors darf bei keinem *braaivleis* fehlen. Aufgerollt erinnert sie sehr an den westfälischen Rosenkranz. Andreas, Metzger aus Sipplingen und zu Gast in Namibia, machte den Alternativvorschlag.

6 kg Wildfleisch (Kudu) oder Hirschfleisch
2 kg Fett vom Damaraschafschwanz
125 ml Worcestersauce
50 g Koriander
30 g Salz
15 g schwarzer Pfeffer
10 g Muskatnuss
10 g Nelken, gemahlen
250 ml Rotwein

alternativ:
4 kg Rindfleisch
2 kg Lammfleisch
1 kg Schweinerückenspeck
1 kg Rinderfettabschnitte (kein Leibfett)
Gewürze und Flüssigkeit wie oben

1 Kudufleisch und Damaraschafschwanzfett klein schneiden und mit allen Gewürzen und dem Rotwein mischen. Kalt stellen und eine Stunde durchziehen lassen.

2 Alles durch die mittlere Scheibe des Fleischwolfs (Erbsenscheibe) drehen. Dabei ist es wichtig, dass das Messerkreuz sehr scharf ist, damit das Fleisch und Fett gut zerschnitten werden. Sollte die Masse zu fest sein, wenig kaltes Wasser nach Bedarf zufügen. Alles noch einmal gut durchmischen.

3 Mit einer Wurstspritze die Masse entweder in Schafsaitlinge Kaliber 20/22 oder in Schweinedarm 28/30 füllen. Den Darm nach Gebrauchsgröße abbinden.

4 Die Würste zum Trocknen aufhängen – sie sollen sich nicht berühren. Dann zu einer Schnecke aufrollen und in einem dunklen luftigen Raum – oder in Namibia im Kühlschrank – aufbewahren.

Tipp: Die Bratwürste über der Glut unter häufigem Wenden grillen.

Getränkeempfehlung: ein erfrischendes Beck's Bier, das auch in Namibia gebraut wird

tamatie blatjang
chutney von tomaten

braaivleis

Chutneys finden in der namibischen Küche vielfältige Verwendung und sind das Tüpfelchen auf dem »i« vieler *braaivleis*. Die Buren brachten sie aus Südafrika mit, wo sie von den Indern eingeführt worden waren.

2,75 kg reife Tomaten
5 große Zwiebeln
2 große Paprikaschoten, entkernt
360 g weißer Zucker
300 ml Weinessig
15 g Salz
5 g frische Ingwerwurzel, geschält und gehackt
5 g Ingwerpulver
20 g Currypulver
5 g Gewürznelken

1 Die Tomaten häuten und vierteln. Zwiebeln und die Paprikaschoten klein schneiden. In einem großen Topf die Tomaten ohne Zugabe von Wasser zum Kochen bringen. Erst dann die Zwiebeln und Paprikastücke zugeben. Alles auf kleiner Hitze weich kochen.

2 Nacheinander Zucker, Essig, Salz, Ingwer, Curry und Nelken hinzufügen und unter Rühren so lange kochen, bis die gewünschte Konsistenz erreicht ist.

3 Das Chutney in Gläser füllen und fest verschließen. Im Kühlschrank ist es 4–5 Wochen haltbar.

Tipp: In tropischen und subtropischen Ländern wird gerne scharf gewürzt. Probieren Sie dieses Chutney einmal mit 3–4 grünen gehackten Chilischoten!

wortel pynappelslaai
karotten-ananas-salat

Obwohl frische Ananas importiert werden muss, erfreut sich dieser schlichte Salat in Namibia großer Beliebtheit – nicht nur beim Barbecue.

500 g Karotten
1 mittlere Dose Ananas
oder 250 g frische Ananas
3 EL Rosinen
eventuell Saft einer Orange

1 Die Karotten schälen und auf einer Reibe fein reiben. Die Ananas in Stückchen schneiden. Die Rosinen mit heißem Wasser überbrühen und abtropfen lassen.

2 Alle Zutaten miteinander mischen.

Tipp: Wenn der Salat zu trocken ist, mit Orangensaft verfeinern.

monkey gland steak
geschnetzeltes in pikanter sauce

Das Angebot an Fleisch ist auf einer Vieh- und Jagdfarm sehr reichhaltig. Hier eine Sauce, die zu jeder Art von Fleisch passt.

3 Zwiebeln
15 ml Öl
30 ml Tomatensauce
30 ml Worcestersauce
30 g brauner Zucker
15 ml tamatie-Chutney,
siehe Seite 74
30 ml Essig
Salz, Pfeffer

500 g Fleisch: Strauß, Kudu,
Oryx, Lamm, Rind etc.

1 Zwiebeln fein schneiden und im Öl braun anschwitzen. Tomatensauce, Worcestersauce, braunen Zucker, Chutney, Essig, Salz und Pfeffer hinzufügen und alles für 5 Minuten sanft köcheln lassen.

2 Das Fleisch in schmale Streifen schneiden, würzen und 2 Minuten von beiden Seiten anbraten. Das Fleisch zu der Sauce geben und auf niedriger Hitze für ein paar Minuten durchkochen.

Getränkeempfehlung: Cabernet-Sauvignon oder Shiraz

sosaties bitterwasse

spieße mit hammelfleisch und aprikosen

braaivleis

Es gibt sie überall auf der Welt: Fleischspieße. I Segelflugzentrum »Bitterwasser« sind sie nach e nem langen erfolgreichen Flug besonders beliebt Mit einem kalten Bier und dem Trinkspruch »laat waai, laat waai!« wird auf den nächsten Flugtag angestoßen.

für 8 Spieße

1 fette Hammelkeule, 1 kg Fleisch
Salz, Pfeffer
4 Zwiebeln
2 EL Speiseöl
1 EL Currypulver
1 Knoblauchzehe, gehackt
etwas abgeriebene Zitronenschale
1 EL Salz
getrocknete Aprikosen

1 Das Fleisch aus der Hammelkeule lösen und in etwas größere Würfel schneiden. Salz und Pfeffer darüber streuen und in das Fleisch einklopfen.

2 Für die Marinade die Zwiebeln achteln und mit Öl, Curry, der Knoblauchzehe, der Zitronenschale und Salz in einer tiefen Schale vermengen. Die Fleischwürfel in der Marinade wälzen und anschließend mit einem Tuch bedeckt zwei Tage zum Durchziehen kühl stellen; öfter in der Marinade wenden.

3 Holzspieße vor Gebrauch gut wässern. Die Fleischstücke abwechselnd mit Zwiebeln und Aprikosen auf die Spieße schieben. Die fetteren Fleischstücke gleichmäßig verteilen.

4 Anschließend möglichst auf einem Holzkohlegrill zubereiten.

Getränkeempfehlung: kühles Bier (in Namibia nach deutschem Reinheitsgebot gebraut)

freddy's volstruis bredie
straußenragout mit pilzen

Straußenfleisch erfreut den Kenner nicht nur als Steak sondern schmeckt statt Rindfleisch auch in einem Ragout gut. Die Omajovapilze dürften schwer zu bekommen sein – alternativ heimische Saisonpilze verwenden.

800 g Straußenfleisch
400 ml Rotwein
30 ml Sonnenblumenöl
2 Zwiebeln
Salz, Pfeffer
200 g Preiselbeeren
400 g Omajovapilze
ersatzweise Champignons
30 g Butter
200 g saure Sahne
200 ml süße Sahne
1 Tüte Waldpilzrahmsuppe

1 Das Straußenfleisch in mundgerechte Stücke schneiden und kühl gestellt im Rotwein 24 Stunden marinieren.

2 Fleischwürfel gut abtropfen lassen, den Rotwein zur späteren Verwendung beiseite stellen. Sonnenblumenöl in einer Kasserolle erhitzen, Zwiebeln klein hacken. Fleischwürfel im erhitzten Öl rundum braun anbraten, Zwiebeln zugeben, kurz anschwitzen. Salzen und pfeffern, mit dem Marinadenrotwein ablöschen. Das Ragout bei geringer Hitzezufuhr etwa 30 Minuten köcheln.

3 Die Pilze putzen, in Scheiben oder Würfel schneiden und in der Butter anbraten, bis die gesamte Flüssigkeit verdunstet ist.

4 Nacheinander die Preiselbeeren, saure und süße Sahne zum Ragout geben und den Inhalt der Waldpilzrahmsuppe darüberstreuen. Unter gelegentlichem Umrühren in ca. 1 Stunde das Ragout weich kochen lassen.

5 Vor dem Anrichten die angedünsteten Pilze unter das Ragout heben und mit einem *mieliepap*, Rezept Seite 70, servieren.

Getränkeempfehlung: roter Shiraz oder Pinotage von Neethlingshof

'n besoek by muramba bushman trails

muramba bushman trails

'n besoek by muramba bushman trails

Kurz nach Sonnenaufgang: Nachdem wir die Esel, eine Warzenschweinfamilie und zehn schwerfällige Perlhühner von der Landebahn gescheucht haben, heben wir im glutroten Morgenlicht mit einer Cessna vom Boden ab und nehmen Kurs auf Tsumeb. Nördlich von Tsumeb lebt Reinhard Friederich mit seiner Frau Yvonne. Wie man uns versicherte, ist er ein außergewöhnlich guter Kenner von Traditionen, Lebensgewohnheiten und Nahrungsbeschaffungsmethoden der Buschleute, der namibischen Ureinwohner. Auf seinem Farmgebiet leben und arbeiten Buschleute und für Farmgäste besteht die Möglichkeit, in »Buschmannhütten« zu übernachten und auf begleiteten Touren das Leben der Buschleute, die früher Jäger und Sammler waren, kennenzulernen.

Friedhelm gibt die Flugkoordinaten der Landebahn ein, die uns Reinhard Friederich per Fax angegeben hat. Ich schmunzelte, als ich las, dass er die Landebahn für unsere Ankunft säubern lassen würde. Die Busch-Savannen-Landschaft, die wir überfliegen, ist in das rötliche Licht der Morgensonne getaucht. Tierherden, Kudus und Antilopen, ziehen unter uns dahin. Vereinzelt erkennen wir Straßen, *pads*. Teilweise sind weite Flächen der Landschaft wie mit dem Lineal gezogen völlig schwarz. Friedhelm löst das für uns unerklärliche Bild auf: verheerende Steppenbrände!

Tsumeb, eine größere Stadt, kommt in Sicht. Markant sind die Spuren vom Tageabbau unterschiedlicher Erze und Mineralien aus der Tsumeb-Mine und auffällig die quadratisch angelegten Straßenzüge. Wir fliegen weiter. Das hochmoderne Satellitennavigationsgerät unserer Cessna gibt an, dass wir unser Ziel laut der am Beginn des Fluges eingegebenen Koordinaten erreicht haben, allerdings ist die Landebahn nicht in Sicht. Zweimal müssen wir das Zielgebiet weiträumig überfliegen, bevor wir das Buschmanncamp und dahinter die sehr schmale Landebahn erkennen. Wir überfliegen in geringer Höhe das Gelände und vergewissern uns, dass keine Tiere auf der Piste stehen. Im zweiten Anflug setzen wir dann holpernd auf. Das Flugzeug steht kaum, da tauchen überall aus den Sträuchern Buschleute auf. Sie wahren eine gewisse Distanz, aber wir spüren, dass sie ebenso neugierig und gespannt auf uns sind wie wir auf sie. Reinhard Friederich, mit dem wir verabredet sind, fährt mit einem Pick-up vor. Wir werden von ihm freudig willkommen geheißen. Nach einigen Jahren sind wir die ersten, die diese Landebahn wieder benutzen, und das ganze Dorf hat einige Tage gearbeitet, um die Termitenhügel und Sträucher von der Bahn zu entfernen. Kein Wunder also, dass wir nun so neugierig bestaunt werden und alle hier zusammenkommen. Wir bedanken uns sehr für diese Arbeit. Reinhard Friederich, der die Sprache der Buschleute beherrscht, übersetzt für uns.

Wir bekommen einen ersten Eindruck von den vielen Klack- und Schnalzlauten der *Khoi*. Es gibt sieben verschiedene Buschmannsprachen, die sich nur in den Nuancen der Schnalzlaute unterscheiden.

Reinhard Friederich fährt uns ins Camp, wo wir als erstes die Hütten sehen. Traditionell werden diese aus Rindermist und Termitenhügellehm gebaut. Die Dächer bestehen aus Zweigen des Blutfruchtbaumes, die mit Bast oder Palmblättern zusammengebunden werden. Für uns Besucher ist die Entstehung und Weiterentwicklung der Hütten von der Urform bis heute beispielhaft zu sehen. Ein weise lächelnder Buschmann – alt, klein, faltig, mit geschmeidigen Bewegungen – führt uns auf dem Trail.

Von ihm erfahren wir alles über das Sammeln von Nahrung, Knollen, Wurzeln, Termiten, Würmern und Früchten, das Fallenstellen, die Herstellung und den Gebrauch der Pfeilgifte. Aus den Gewohnheiten und Verhaltensweisen einzelner Tiere entwickelten die Buschleute die zum Erlegen oder Fangen jeweils beste Möglichkeit. Er berichtet von Pflanzen, aus denen Arznei gewonnen wird. Uns beeindruckt das große Wissen der Khoi, ihre Verbundenheit mit der Natur und ihre Intelligenz, mit der sie ihr Wissen umsetzen und nutzen. Zum Beispiel wird aus der Rinde der gelben Weide ein Teeaufguss hergestellt, der Magenbeschwerden lindert. Die langen Triebe der Milch-

buschranke werden stillenden Frauen um die Brüste gewickelt, um den Milchfluss zu fördern. Die Wurzeln der Kerzenakazie werden zu Pfeilköchern verarbeitet ... und vieles mehr.

Unterwegs hören wir von unserem Buschmann einiges aus dem reichen Schatz an Weisheiten der Khoi. So legt ein Khoi, wenn er jemanden besuchen will, ungefähr einen Kilometer vor seinem Ziel einen Stein in einen Baum. Das soll den Wunsch überbringen, dass das Wasser für den Tee oder Kaffee erst dann anfangen soll zu kochen, wenn er sein Ziel erreicht. Die letzte »Buschmannration«, sozusagen der Überlebensvorrat, ist ein zu einer Rolle aufgerolltes Stück Kudufell, das zum Trocknen in eine Astgabel gelegt wird. Sollte das Erlegen eines Tieres länger dauern, kann sich der Buschmann in der Zwischenzeit von dem getrockneten Fell ernähren. Und wir erfahren etwas über die gut erhaltenen, mehrere Tausend Jahre alten Felszeichnungen, deren Entstehung den Buschmännern zugeschrieben wird und die meist Jagdszenen darstellen.

Ein ungewöhnlicher Tierlaut lässt uns plötzlich aufhorchen. Der Buschmann lauscht und teilt uns mit: »Die Taube sagt, heute kommt Regen.« Alle Blicke wenden sich zum Himmel. Regen fällt hier selten und wird darum immer herbeigesehnt. Der Himmel ist strahlendblau mit einzelnen Kumuluswölkchen. Keine Spur von Regen. Wir halten es für einen frommen Wunsch und gehen weiter.

Eine *Namib-tsamma-Melone* liegt auf dem Boden vor uns. Wir schneiden sie auf und sehen das gelbliche Fruchtfleisch und die braunschwarzen Kerne, die essbar sind. Wir kommen am *Mangettibaum* mit seinen Nüssen vorbei, sehen die *Makkalanipalme*, deren Früchte gern zu Schnitzereien verwendet werden und erreichen eine Gruppe dieser Palmen. Unser Buschmann sucht eine besonders schöne aus, schlägt mit seiner Axt die größeren fächerförmigen Blätter unten herum ab und gelangt zu einem 50 cm langen Stück unterhalb der Krone, das er abtrennt und mitnimmt.

Ins Lager zurückgekehrt, dürfen wir eine ansehnliche Sammlung von Termiten, Würmern und getrockneten Früchten und Pflanzen bewundern. Die gerösteten Termiten sind Erdnüssen im Geschmack sehr ähnlich, die *Mopani-Würmer* dagegen sahen für uns nicht so appetitlich aus, dass wir sie kosten wollten.

Marlene, die Tochter von Reinhard Friederich, bittet uns in die Küche zur Zubereitung des frischen Palmherzens. Das Palmstück wird so lange mit der Axt bearbeitet, bis nur noch eine zwanzig Zentimeter lange und zwei Zentimeter dicke Stange zurückbleibt. Marlene kostet ein Stück, ist mit dem Geschmack zufrieden und schneidet es in ganz dünne Scheiben, die sie mit dem Hühnersalat vermischt. Gespannt warten wir auf den ersten Bissen. Palmherzen kannten wir bis dahin nur aus der Dose und die schmeckten etwas fad. Völlig überrascht sind wir dann von dem herzhaften, etwas bitteren Geschmack des frischen Palmherzens, der dem »Millionärssalat«, wie Marlene ihn nennt, weil eine sechzig Jahre alte Palme ihr Herz dafür gab, eine besondere Note verleiht. In der Sprache der Buschleute heißt das Palmherz *tsum tse anisa*. Wir dürfen auch den *mieliepap* und das in Holzkohle grillte Ziegenfleisch der Buschleute probieren. Das Fleisch sieht nicht so einladend aus, schmeckt aber dafür umso besser. Der steif gekochte mieliepap wird mit den Händen zu Kugeln geformt dazu gegessen.

Nach diesem opulenten Mahl und dem interessanten Ausflug in die Buschmannkultur müssen wir an den Abflug denken. Wieder kommt das ganze Dorf zusammengelaufen, als die Maschine abhebt. Winkende Menschen säumen die Startbahn. Wir sind noch nicht lange in der Luft, als sich der Himmel verdunkelt, Blitze zucken rechts und links neben dem Flugzeug und der Regen geht in Schleiern nieder. Wir sind so damit beschäftigt, ein Loch in den Regenschauern zu finden, dass wir uns erst lange nachdem der Regen aufgehört hat und die Sonne wieder am Himmel steht an die Taube erinnern, die sagte: Heute kommt Regen!

voedsel in namibia

zutaten und produkte

Namibier sind Fleischesser, Wildfleisch wie z. B. Perlhuhn oder Elandantilope wird bevorzugt. Rindfleisch ist von hoher Qualität, wird jedoch zu neunzig Prozent exportiert. Wurst wird aus Rind-, Straußen- und Wildfleisch hergestellt. Die *boerewors*, gewürzt mit Koriander, gehört zu jedem Grillfest.

Eine Spezialität ist getrocknetes Fleisch, als *biltong* angeboten, das in der Tradition der Ureinwohner heute noch produziert wird. In dem heißen Land ist dies die beste Art der Konservierung und Aufbewahrung.

Frischen Fisch gibt es vorzugsweise an der Küste, da weite Wege und die schlechte Infrastruktur einen Transport ins Binnenland fast unmöglich machen. Der enorme Fischreichtum lockt auch viele Freizeitangler zum Brandungsfischen. Der überwiegende Teil der Fische geht als Export nach Südafrika. Fabriken vor Ort verarbeiten Sardinen und Sardellen als Konserve. Von November bis April ist Fangzeit für die köstlichen Langusten, die meist bereits direkt am Strand im *potjie* landen.

In den Flüssen Kunene und Zambezi wird auch geangelt; Afrikas größter Süßwasserfisch, der Tigerfisch, ist der begehrteste Fang. Auch Austernliebhaber kommen auf ihre Kosten: Die Austern aus den Becken der Salzgewinnungsanlage bei Lüderitz zählen seit einigen Jahren zu den besten der Welt.

Die trockenen, heißen Klimaverhältnisse und der geringe Niederschlag machen den Anbau vieler Gemüsesorten zu einem Glücksspiel. Hirse nimmt nach wie vor im Ackerbau Namibias den ersten Platz ein. Mais – die Grundlage des allseits präsenten *mieliepap* – sowie Melonen, Kürbisse und einige Bohnenarten gedeihen sehr gut. In jüngster Zeit werden auch bis dahin unbekannte Gemüsearten angebaut. Sogar grüner Spargel findet sich in der Saison sowie Oliven und Zuckerrohr. Aus Letzterem wird Sirup hergestellt, geschätzt in Brot und Kuchen. Eine Spezialität, die man sich nicht entgehen lassen sollte, sind die Kalahari-Trüffeln – leider sind sie nur nach einer regenreichen Zeit zu finden. Auch die Omajovapilze, unseren Champignons im Geschmack ähnlich, gelten als Restaurantküchen-würdig.

Zu den im Lande heimischen Obstsorten wie wilde Pflaumen, Feigen und Datteln gesellen sich Maulbeeren, Kaktusfeigen oder in der letzten Zeit vermehrt Zitrusfrüchte, Tafeltrauben und Exoten wie Guaven. Die Kerne der Narafrüchte (Seite 40) werden geröstet gern zu Bier geknabbert oder in Kuchen und Brot verbacken. Marulafrüchte werden bevorzugt zu dem immer beliebter werdenden Likör verarbeitet. Der cremige Amarulalikör (17 % Vol.) dient als Grundlage vieler Cocktails und ist auch bei uns erhältlich.

Obwohl es in Namibia viele Ziegen- und Schafherden gibt, steckt die Käseherstellung noch in den Kinderschuhen. Einige Farmen vertreiben Frischkäse und Feta; in Rietfontein gibt es eine Molkerei, die Gouda produziert. Fast alle Käsesorten werden importiert, so auch der sehr beliebte Cheddar.

Die Namibier trinken gerne Bier, auch das in Ovamboland meist in Privathaushalten selbst gebraute *Tombo*, das nach einer Studie von 2001 67% des Gesamtbier-Landeskonsums ausmacht. In Windhoek werden folgende Sorten gebraut: *Windhoek (Lager, Light, Draught)*, *Hansa (Draugth* und *Pilsener)*, *Tafel Lager* sowie die Starkbiere *Urbock* und *Windhoek Special* – alle nach dem deutschen Reinheitsgebot. Die Hansa-Brauerei in Swakopmund wurde 2005 geschlossen. Die Brauereien gehören alle zu den *Namibian Breweries*.

Beliebte Durstlöscher sind Wasser, Cola, Fruchtsäfte sowie Kaffee und Tee, Rock-Shandy und nicht zu vergessen Savanna, ein Cidre.

Im ältesten Weingut Namibias, der Kristall-Kellerei, gegründet von Helmut Kluge, werden neben Weiß- und Rotwein auch Grappa, Kaktusfeigenschnaps und Brandy angeboten. Es hat inzwischen mit zwei weiteren namibischen Weingütern bei Otavi und Maltahöhe Konkurrenz bekommen.

adressen

Essen

Restaurant Gathemann
In gehobenem Ambiente bietet Urs Gamma Wildgerichte und kreiert engagiert eine neue leichte, feine Küche. Besonders empfehlenswert: Lüderitzer Austern und, in der Saison, grüner Spargel aus Swakopmund.
Independence Avenue
Windhoek
Tel. +264 (0) 61 – 22 38 53

The Craft Centre Café
Unbedingt hingehen! Es bietet Frühstück, Snacks, Salate, Kuchen und Gebäck aus den umliegenden Farmhaushalten an. Liebevolles Ambiente mit selbst getöpfertem Geschirr.
Alte Brauerei, Talstraße 41
Windhoek

Out of Africa
Neues Szene-Straßencafé unter Palmen. Kleine Snacks, Kuchen, viele Erfrischungsgetränke, Milchshakes und diverse Kaffeezubereitungen.
Poststraße 13
Swakopmund
Tel. +264 (0) 64 – 40 47 52

Hansa Hotel
Traditionsreiches Haus mit prächtiger, blütenreicher Bepflanzung im Innenhof. Mehrfach ausgezeichnetes Hotel mit hervorragender Küche.
Roonstraße
Swakopmund
Tel. +264 (0) 64 – 41 42 00
www.hansahotel.com.na

Swakopmunder Brauhaus
Der In-Treff der Namibier, die in der Stadt sind, sowie von Reisenden, die gerne deutsche Hausmannskost essen möchten. Es gibt nicht nur Bier!
Passage, Roonstraße
Swakopmund
Tel. +264 (0) 64 – 40 22 14

Trinken

Kristall-Kellerei
1995 fand hier die erste Weinlese statt und im ältesten Weingut Namibias werden die Rebsorten Colombard und Cabernet angebaut. Das Ehepaar Weder bietet neben Weintouren und -proben in der dazugehörigen Weinstube hausgemachte Fleisch- und Käsespezialitäten an.
Omaruru
Tel. +264 (0) 64 – 57 00 83

In Namibia werden vornehmlich südafrikanische Weine getrunken. Ganz ausgezeichnet sind die Weine von **Neethlingshof** und **Stellenzicht**.

Einkaufen

Gustav Voigts Zentrum
Zentrale Einkaufspassage mit Supermarkt, Lebensmittelläden mit Delikatessen, Weinhandlung und Souvenirläden, direkt unter dem Kalahari Sands Hotel.
Independence Avenue
Windhoek

Maerua Lifestyle Centre
Einkaufszentrum mit diversen Spezialitäten- und Delikatessengeschäften.
Centaurus Road
Windhoek

Besonders empfehlenswerte Supermärkte, die u.a. Biltong, Straußenfleisch, Ziegenkäse sowie Obst und Gemüse führen:

Pick & Pay Model
Supermarkt
Kaiser-Wilhelm-Straße
Swakopmund

Raith's Meat Delikatessen
Fleisch- und Wurstwaren
Gustav Voigts Zentrum
Independence Avenue
Windhoek

Woermann Brock & Co.
Supermarkt
Moltkestraße
Swakopmund

Kunsthandwerk & Souvenirs

Craft Center
Kunsthandwerkszentrum mit hohem kulturellen und sozialen Engagement. Hochwertige Artikel des neuen »african life style«.
Alte Brauerei
Talstraße 41
Windhoek

Bushman Art
Antiquitäten und ausgefallene Souvenirs finden Sie bei Herrn Mielke. An den Laden schließt ein Museum an mit schönen alten kult- und kunstgewerblichen Dingen aus Namibia wie auch den angrenzenden Staaten.
Independence Avenue 187
Windhoek
www.bushmanart-gallery.com

African Kirikara Art
Claudia von Hase verkauft bunte Karakulschaf-Teppiche aus eigener Spinnerei und Weberei sowie selbst entworfenen, schönen und ungewöhnlichen Schmuck. Außerdem: Dekorationsstoffe und Kunsthandwerk aus den Nachbarländern.
Ankerplatz
Swakopmund
www.natron.kirikara.com

Gästefarmen

Bitterwasser Lodge und Flying Center
Eldorado nicht nur für Segelflieger am Rande der Kalahari! Komfortable, reetgedeckte Rundbungalows, Swimmingpool, Grillplatz.
Private Bag 13003
Windhoek
Tel. +264 (0) 63 – 26 53 00
www.bitterwasser.com

Etendero – »Wo sich die Leoparden treffen!«
Jagd- und Gästefarm mit einem Haus aus der Kolonialzeit, stilvolle, geräumige und schöne Zimmer, Swimmingpool mit Blick über das Trockenrivier.
POB 352
Omaruru
Tel. +264 (0) 64 – 57 09 27
www.namibiatours.de

adressen

Hohewarte
Gästefarm in der Nähe des Flugplatzes Windhoek. Ehemalige Polizeistation der Schutztruppen, mit viel Charme restauriert. Die Verwalter gehören dem Jagdverband »Die Keiler« an.
PO Box 13050
Windhoek
Tel. +264 (0) 62 – 54 04 22
www.africa-hunting.com

Immenhof
Gästefarm mit eigener Landebahn. Flug-Safaris u.a. zu den Ovahimbas, Victoria-Fällen oder ins Okawango-Delta unter kompetenter Leitung. Hervorragende Farmhausküche!
POB 250
Omaruru
Tel. +264 (0) 67 – 29 01 77
www.immenhof.com.na

Kiripotib
Gästefarm mit viel afrikanischem Flair. Individuelle Safaris. Heimat der African Kirikara Art: Wunderschöne Karakulschaf-Teppiche und edler afrikanischer Schmuck.
Private Bag 13036
Windhoek
Tel. +264 (0) 62 – 58 14 16
www.kirikara.com

Muramba Bushman Trails
Übernachtung in Bushma-Hütten möglich. Zu empfehlen: Tagestour über den Bushman-Trail, mit Erläuterungen zu den Lebensgewohnheiten der Buschleute.
POB 689
Tsumeb
Tel. +264 (0) 67 – 22 06 59

Weitere Gästefarmen finden Sie im Internet:
www.namibia-gaestefarmen.de

Safari-Unternehmen

Peter Pack Safaris
Das Unternehmen ist auf Individualtouren spezialisiert.
Nelson Mandela Avenue 120
Windhoek
Tel. +264 (0) 61 – 23 16 03
Fax +264 (0) 61 – 24 77 55
info@packsafari.com.na

Turnstone Tours
Individuelle Kundenbetreuung; Abenteuertouren nach Sandwich Harbour, ins Kuiseb-Delta, an die Skelettküste und ins Kaokoveld.
POB 307
Swakopmund
Tel. +264 (0) 64 – 40 31 23
turn@iafrica.com.na

Bücher

Peter's Antique, Hrsg.
Swakopmund
Südwester Kochbuch
Original südwestafrikanische Kochrezepte! Von gefüllter Puffotter bis zu Elefantenfüßen.

Margo Krause
Hart wie Kameldornholz
Verlag Frieling, Berlin
Geschichte einer deutschen Farmerfamilie in Afrika.

Michael Iwanowski
Namibia Reisehandbuch
Iwanowski Reisebuchverlag, Dormagen. Bester Reiseführer über Namibia.

Henno Martin
Wenn es Krieg gibt, gehen wir in die Wüste
Verlag der Namibia Wissenschaftlichen Ges., Windhoek
Das Buch beschreibt das Überleben in der Wüste.

Johan S. Malan
Die Völker Namibias
Klaus Hess Verlag, Göttingen
Anbau- und Ernährungsgewohnheiten der Ureinwohner Namibias.

Namibiana Buchdepot
Spezialist für Bücher aus, von und über Namibia
An den Graften 38
D-27753 Delmenhorst
Tel. +49 (0) 42 21-12 30 240

Kudu-, Springbock- und Straußenfleisch bieten an:

Bennetts Trading oHG
Husumer Str. 50
D-21465 Reinbek
www.bennetts.de

Vreriksen-Ewert
Markthalle
Wendenweg 15
D-44149 Dortmund
Tel. +49 (0) 231 – 9 69 95

Weitere Anbieter über:

Service Bund GmbH & Co KG Bundeszentrale
Friedhofsallee 126
D-23554 Lübeck
Tel. +49 (0) 451 – 49 95 20

Schweiz:

Delicarna AG
Neudorfstraße 90
CH-4056 Basel BS
Tel. +41 (0) 61 – 38 610 10
www.delicarna.ch

Straußenhof Duppenthal
Hans und Monika Schneeberger-Boss
CH-3367 Ochlenberg/ Thörigen
Tel. +41 (0) 62 – 9 v6 17 3 27
www.straussenhof.ch

Straußenfarm Erlenhof
Werner Rohner
CH-8500 Frauenfeld
Tel. +41 (0) 52 – 7 20 72 50
www.straussenfarm.ch

Kochkurse

La Boudon
Schweizer Allee 45
D-44287 Dortmund
Tel. +49 (0) 231 – 4 75 47 41
www.laboudon.de

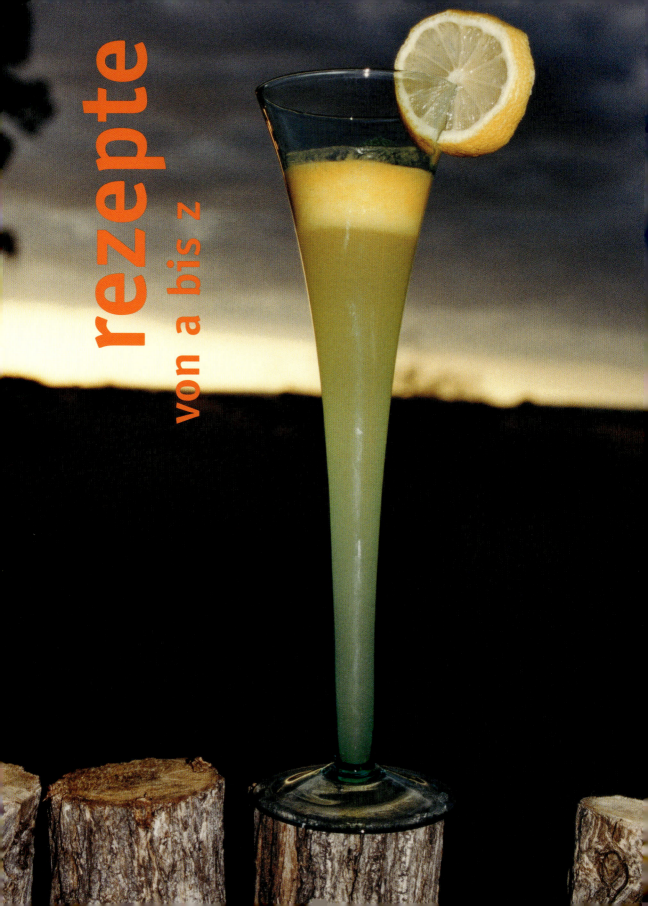

rezepte

afrika-stollen 26
afrikanischer weihnachtsstollen
aus dem craft center …

amarularoom met appeliefies 36
bayerische creme auf namibisch
mit kapstachelbeeren

anki's tarentaal hohe warte 20
gefüllte perlhuhnbrüstchen in
weißwein-sahne-sauce

blueberry muffins 49
heidelbeer-muffins aus dem
swakopmunder café »out of africa«

bobotie 55
hackfleisch-auflauf mit trockenfrüchten

boerewors 73
bratwurst nach art der siedler

bottervis à la hansa hotel 44
butterfisch mit grünem spargel,
hansa hotel, swakopmund

bruno's botterskorsie sop 32
suppe aus butternusskürbis

charissa's birthday cake 49
bananen-karotten-torte

deike's prei tert 34
tarte mit porree und cheddar

farmer's lekkerny 16
salat mit ziegenkäse, kaktusfeigen
und geräuchertem wildfleisch

freddy's volstruis bredie 81
straußenragout mit pilzen

fudge wilhelmine 60
leckere karamellen

geelrys met rosyntjies 55
gelber reis mit rosinen

gordan blue à la africa 56
steaks, mit cheddar gefüllt

groente pot 68

gemüseeintopf quer durch den garten

hawermoutkoekies 25
haferflockenplätzchen

immenhof farmbread 57
landbrot mit sonnenblumenkernen
und sesam

konfyt etendero 25
konfitüre aus orangen, bananen
und ananas

kreef met suurlemoen 22
langusten mit zitronen-knoblauch-butter

lam rug met kalahari truffels 18
lammrücken mit kalahari-trüffeln von
der Farm kiripotib

lewer pastei 19
lammleberterrine mit apfel und sherry

melktert 59
milchtorte, mit zimt und zucker bestreut

mieliepap immenhof 70
maismehlbrei mit biss

monkey gland steak 77
geschnetzeltes in pikanter sauce

namibiese potjie 47
wildgulasch mit kartoffeln und karotten

namibiese volstruis bredie 35
straußengulasch auf namibische art

ria's vetkoekies 63
ausgebackene küchlein

sosaties bitterwasser 78
spieße mit hammelfleisch und aprikosen

tamatie blatjang 74
chutney von tomaten

vrugte tert 62
saftiger früchtekuchen

wortel pynappelslaai 77
karotten-ananas-salat

glossar

Afrikastollen: Weihnachtsstollen
Amarula-Likör: Cremiger Likör aus der Marulafrucht

Beck's Bier: Das Bier wurde bis 2003 in Namibia in Lizenz nach dem Deutschen Reinheitsgebot gebraut.
Biltong: getrocknetes Fleisch vom Rind oder Wild. Bereits die Ureinwohner hingen Fleischstreifen zum Trocknen an einen Ast und trugen den so »geschmückten« Ast als Vorrat zurück ins Dorf.
Blueberry muffins: Hefegebäck mit Heidelbeeren, in speziellen Förmchen gebacken; eine Hinterlassenschaft der Briten in Afrika.
Bobotie: Hackfleisch-Auflauf mit Trockenobst
Boerewors: Bratwurst
Boma: ein mit mannshohen Baumstämmen begrenzter Essplatz im Freien
Braai, braaivleis: Grillen, Grillgut, aber auch die Bezeichnung für ein Grillfest – die Lieblings-Freizeitbeschäftigung der Namibier
Buschleute/-männer: die Ureinwohner Namibias; sie heißen auch San oder Khoi.
Butterpips (afrikaans: Botterpits): Kerne der Narafrucht; werden geröstet gern als Snack gegessen.

Cuca-shop: Afrikanische Garküche

Dik-Dik: kleinste Antilopenart
Donkie: ein zweirädriger Eselskarren, das typische Transportmittel auf dem Lande

Ekipa: ein mit Schnitzereien reich verziertes Schmuckstück; oft eine Gürtelschnalle
Elandantilope: große kräftige Antilopenart mit besonders wohlschmeckendem Fleisch. Delikatesse!

Groente pot: Eintopf mit verschiedenen Gemüsen

Himba: nomadisierende Stämme, ihre Heimat ist das Kaokoveld.

Jetty: eiserne Landungsbrücke

Kalahari: Wüstenlandschaft im Osten und Norden Namibias
Kalahari-Trüffel: Der seltene Pilz wächst nur nach einem guten Regenjahr; der Geschmack ist der europäischen Trüffel ähnlich.
Kalebassen: ausgehöhlte, verzierte Kürbisse, in denen Wasser oder Milch aufbewahrt wird.
Khoi: Ureinwohner Namibias, Buschmänner
Kingklip: Fisch von der Küste Namibias
Koppies: Tassen, alte Maßeinheit
Kraal: ein mit Dornbüschen abgegrenztes Gehege zum Schutz vor wilden Tieren; in Südwesterdeutsch auch Dorf der schwarzen Bevölkerung

Lapa: ein offener Raum mit einem reetgedeckten Dach, der als Sitz- und Essplatz dient.
Lekker: ein Universalwort; es bezeichnet die schönen Dinge des Lebens. Man kann sich aber auch lekker fühlen.
Lekker vernöken: jemanden an der Nase herumführen, liebevoll veräppeln. Aber auch: eine gut erfundene Geschichte.

Mahangu: Fingerhirse
Makkalanifrüchte: apfelähnliche braune Früchte der Makkalanipalme, deren glänzender elfenbeinfarbene Kern für Schnitzereien geeignet ist.
Mangettibaum: wächst im Norden der Kalahari; die Nuss wird wegen ihres hohen Nährwertes von den Buschleuten geschätzt.
Marulafrüchte: goldgelbe pflaumengroße Frucht, aus deren Fruchtfleisch Marmelade, Bier oder Likör hergestellt wird.
Mevrou: afrikaans, bedeutet Frau; im Buch ist es ein Kosewort.
Middagete: Mittagessen
Mieliepap: Hirse- oder Maismehl wird mit Wasser oder Kuhmilch zu einem steifen Brei gekocht. Dieser wird zu Kugeln geformt und mit den Händen gegessen. Kann durch die Zugabe von Eiern und Sahne verfeinert werden.

glossar

Mopamiwürmer: diese Würmer werden roh oder an der Sonne getrocknet gegessen. Sie werden wegen ihres hohen Eiweißgehaltes von den Ureinwohnern sehr geschätzt.

Namib-tsamma: wilde Wassermelonenart, die nur in der Namib wächst (Kürbisgewächs).
Narafrucht: Die melonenähnlichen Früchte (Nara melon) gehören zu den Kürbisgewächsen; ihr Geschmack ist für Europäer gewöhnungsbedürftig (siehe Seite 40).

Omaere: geronnene Kuhmilch
Omajovapilze: hauptsächlich an Termitenhügeln wild wachsende Pilze, geschmacklich mit den Champignons zu vergleichen.
Ombago: wilder Spinat
On pad: unterwegs sein
Outjie: netter Kerl (umgangssprachlich)
Ovahimba: Volk im Norden Namibias (Ureinwohner)

Pad: Teerstraße oder Schotterpiste
Pap: Brei, siehe auch mieliepap
Potjie: gusseiserner Dreibeintopf, ohne den kein Namibier auf pad geht. Traditionell wird darin der mieliepap gekocht.
Potjiekos: Essen, das im potjie gekocht wird; Eintopf

Rivier: ausgetrocknetes Flussbett
Rooibos-Tee: Tee aus den rutenartigen Trieben des Rotbusches, eine Art Ginster

Schutztruppe: Der Bremer Kaufmann Lüderitz erwarb 1883 Land von dem dort lebenden Namastamm. 1884 wurde dieses Land unter deutsches Protektorat gestellt. 1889 landete der künftige Gouverneur Curt von Francois mit einer 21 Mann starken Schutztruppe in Walvis Bay. Der Zustrom deutscher Siedler begann. 1892 schlossen sich die ehemals verfeindeten Herero und Nama gegen die immer übermächtiger werdenden Deutschen zusammen, konnten sie jedoch nicht besiegen. 1904 wurden bei der Schlacht vom Waterberg drei Viertel der Herero getötet. Erst 1915 gelang es mithilfe südafrikanischer Truppen, die Schutztruppe zur Kapitulation zu zwingen.

Scones: Gebäck aus Backpulverteig in unterschiedlichen Formen
Sosaties: Fleischspieße
Steinlobster: in Südafrika und Namibia vorkommende Languste; befristete Fangzeit.
Sundowner: Getränk mit oder ohne Alkohol bei Sonnenuntergang zum Ausklang des Tages

Tamatie: Tomaten
Teerpad: siehe pad
Teufelskralle: die kartoffelförmigen Früchte werden getrocknet, gemahlen und zu Tee aufgebrüht. Er gilt in der Volksheilkunde als Schmerzmittel und soll bei Störungen der inneren Organe helfen.
Tombo: Hirsebier
Topnaars: ein im Kuiseb-Delta beheimateter Stamm, der früher von der Naraernte lebte.
Trockenrivier: ausgetrocknetes Flussbett, das nur nach starken Regengüssen für kurze Zeit Wasser führt.
Tsamma: Wassermelonenart
Tsum tse anisa: die Bezeichnung für frisches Palmherz in der Buschmannsprache

Veldkos: Buschnahrung
Vetkoekies: in siedendem Öl ausgebackenes Hefegebäck; ähnlich den Schwäbischen Fasnetsküchle.
Voedsel: afrikaans, Nahrung

Ziegenfleisch: besonders bei den Schwarzen beliebt; auch *bokkies* genannt.
Zitronenlikör: ein erfrischender Likör, der aus frischen Zitronen hergestellt wird. Dient auch als Basis für Mixgetränke.

genussreise & rezepte
die besondere reihe für genießer

verlagsinfo

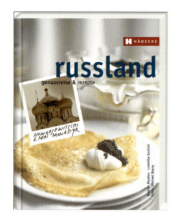

Russland – Genussreise & Rezepte
Barbara Boudon und Ludmilla Suchich
Fotos: Michael Boyny
Von Sibirien bis zum sonnigen Süden, vom Ural zum Kaukasus, vom Baltikum bis Asien. Vielfalt und Gegensätze, denen eines gemeinsam ist: die sprichwörtliche russische Gastfreundschaft mit der Freude am Genießen und Feiern. Eine Hommage an die Küchenschätze dieses großen Landes.
136 Seiten mit zahlreichen Farbabbildungen.
ISBN 978-3-7750-0539-5

Australien – Genussreise und Rezepte
von Sebastian Dickhaut
Fotos: Michael Boyny
Eine kulinarische Offenbarung:
Multi-Kulti-Küche – beach, bush
und Barbecue.
96 Seiten mit vielen Farbabbildungen
und Warenkunde.
ISBN 978-3-7750-0502-1

Vietnam – Genussreise und Rezepte
Mo Pham Lan, Alice Blohmann
Fotos: Ansgar Pudenz und Heimo Aga
Küche, Land und Menschen.
Spezialitäten aus Nord- und Südvietnam:
(noch) ein Geheimtipp für Gourmets.
96 Seiten mit vielen Farbabbildungen,
Warenkunde und Bezugsquellen.
ISBN 978-3-7750-0501-2

Weitere Informationen über die etwas anderen Bücher für Genießer erhalten Sie vom:
Walter Hädecke Verlag, Postfach 1203
D – 71256 Weil der Stadt
Fax +49 (0) 70 33 – 13 80 813
www.haedecke-verlag.de

Hädecke-Bücher machen Appetit